弁護士法人
**東京スタートアップ法律事務所**
編著

Startup
Legal Guide

# スタート
# アップの
# 法務ガイド

**中央経済社**

# はしがき

　2020年代はじめから2021年10月現在に至るまで，新型コロナウイルスによる感染症が世界的に流行し，猛威をふるっている。各国により流行の度合いや対策の具体的内容は異なるものの，人々はキープディスタンシングやステイホーム等の対応を余儀なくされ，これにより外食産業やエンタメ産業，観光産業といった様々な業界が収益の減少といった打撃を受けた。

　人々には新しい生活様式が定着し，その流れはたとえ同感染症が収束したとしても続いていくことが予想される。すなわち，同感染症を契機として従来から利用が進んでいたインターネットの利用が強力に促進され，人々は，Zoom等のウェブ会議システムを利用して業務上必要な会議を行い，Uber Eats 等のデリバリーシステムを搭載したスマートフォンアプリケーションを利用して食事をとる頻度が飛躍的に増加し，それらが日常生活に定着し，もはや不可欠なサービスになったといっても過言ではない。同感染症による需要の変化にいち早く対応し，料理の宅配サービスやオンライン料理教室，キッチンスペースの貸し出し，EC サイトの強化等の対応を行うことにより，この危機を乗り越え，むしろ売上を伸ばした事業者も少なくない。

　通信技術をはじめとする新技術，新サービスの需要が飛躍的に増加する一方で，人々の移動が抑制されたことから，繁華街の飲食店や小売店といったいわゆる従来型のリアルビジネスを行う事業者の多くは，大きな打撃を受け，廃業に追い込まれた。

　このように，急速に社会が変化していく中で，企業は社会の変化に対応して，柔軟に変化しなければならない。企業が変化をするときに意識する必要があるのが法律である。新たに行おうとするサービスが革新的であればあるほど，前例がないため，適切な法律の解釈のもと事業をスタートさせる必要がある。

　また，政府の指針でもベンチャー企業の活発化は国際競争力強化の上で急務

とされており，ベンチャー企業への積極的な投資，ジョイントベンチャーの推進等により，ベンチャー企業の成長が急激に促進され，IPO，M&A までのスピードが従来よりも短期間に行われるようになることが予測される。政府によるベンチャー企業の成長促進のための施策による追い風に乗るためには，起業段階から成長フェーズのイメージを持つことが必須であり，成長フェーズごとに求められる法的整備や法的手続きについても把握している必要がある。

　本書では，変化の激しいこの時代において，経営者をはじめとした企業経営に携わる方々が知っておくべき基本的な法的知識を俯瞰し，新サービス，新事業を行ううえで必要となる業法規制調査の基本，企業の成長フェーズごとに必要となる法的整備について，企業成長の流れに沿ってできる限り平易な表現による執筆を試みた。

　2021年11月

弁護士法人東京スタートアップ法律事務所

代表弁護士　中川　浩秀

# CONTENTS

## 第3章 組織の動かし方　〜会社法という法律　47

## 第4章　従業員の雇用と労務管理　～人と法律　101

## 第5章　会社の出口　〜IPO・M&A について　　135

---

**第6章　アウトソーシング　～弁護士の使い方・選び方**　169

# 凡　例

独禁法·························私的独占の禁止及び公正取引の確保に関する法律

下請法·························下請代金支払遅延等防止法

景表法·························不当景品類及び不当表示防止法

薬機法·························医薬品，医療機器等の品質，有効性及び安全性の確保
　　　　　　　　　　　　　　　等に関する法律

金商法·························金融商品取引法

労基法·························労働基準法

労契法·························労働契約法

パワハラ防止法·············労働施策総合推進法

# 第1章

# 総論　企業経営と法律

　本章では，企業の経営者が法律について早期に考えることが必要な理由や，具体的な実践マップについて，ベンチャー・スタートアップの各成長ステージにおける留意点等の総論的な解説を行う。

　企業経営に関して法律を意識するメリットについてのイメージを持つとともに，企業経営の各ステージにおいてどのような法的問題が生じ，どのような視点や対策が必要となるかについての概要を説明する。

　また，企業経営のために本書がどのように役立つかといった点についても言及している。

　特に，初めて法律について学ぶ経営者の方には，企業経営と法律が切り離せない関係であるということを認識いただき，本書の理解や実践をスムーズに行っていただくためにも，まず本章をお読みいただくことが望ましい。

# 1 はじめに
## 〜今すぐに経営者が法律について考えるべき理由

　かつては真新しいキーワードであった「ベンチャー企業」といった言葉が世間に定着して久しい中，近年では，ベンチャー企業の中でも特に，「スタートアップ」と呼ばれる，IPO（新規株式公開）やバイアウトといったイグジットを目指す途上にある，比較的初期段階の企業に注目が集まっている。

　インターネットの発展に伴う技術的インフラの整備により，従来であれば巨額の投資を必要とした設備やシステムを廉価で利用できるようになったことや，商品やサービスをインターネットを介して直接提供できるようになり，流通コストが削減されたこと等の要因によって，個人や小規模なチームでも実現可能なビジネスモデルの領域が大きく拡がった。また，いわゆる働き方改革に伴い，会社員であっても副業や兼業を行うことが珍しくなくなってきた。これらの変化によって，現代は多くの人々にとって，自らビジネスを始め，起業するというチャレンジがこれまでに類を見ないほど身近になっている時代であるといえる。実際に2020年には，新型コロナウイルス感染症の流行により市場が不安定になったにもかかわらず，リーマンショックのあった2008年以降過去最多の93社がIPOを果たすなど，スタートアップ企業の持つ社会的な存在感は依然として高まっている。

　書店やインターネット上のメディア等においてもビジネス関連の情報の人気が高まっており，近年は，起業したり，スタートアップを立ち上げたりすることは，単なるお金を稼ぐ手段ではなく，個人の自己実現の1つの手段として認知され始めていると感じる。そしてこのような傾向は，今後もより一層強まっていくことが予想される。

　もっとも，このようなチャレンジの機会が増えるということは，必ずしも華々しいサクセスストーリーが増加することを意味しない。成功したベンチャー・スタートアップ企業の陰には，その数を大きく上回る失敗事例が積み

重なっている。

　そして，その失敗の要因は，ビジネスモデルに独創性がなかったとか，顧客に訴求するサービスを提供できなかったというような，ビジネスそのものに起因するものとは限らないというのが，これまで弁護士として多くのベンチャー・スタートアップ企業に関わってきた執筆陣の所感である。

　その失敗事例としては，例えば以下のようなものが挙げられる。

---

①　会社として提供しようとしているビジネスが法規制の対象であることを見落としていたせいで，突如としてサービスの大幅な内容変更や，営業停止を強いられてしまった。

②　創業時に創業者株主間契約を締結していなかったことや，資金調達段階において投資家との交渉を怠ったことによって，主体的な意思決定をすることができなくなってしまった。

③　取引先との契約締結段階において，契約書の内容を精査せず，もしくはそもそも契約書を作成しなかったせいで，相手に要求されるままに無報酬で追加の業務を行うことを余儀なくされてしまった。

④　期待した業績を上げられなかった社員を一方的に解雇しようとしたせいで，労働基準監督署からの指導を受け，社員を解雇することもできず，逆に多額の損害賠償請求をされてしまった。

⑤　IPO やバイアウト時に，会社に必要とされる体制や許認可，議事録等の書類の整備等やっておくべき手続が履行されていなかったせいで，イグジットが大幅に遅れ，または，期待していたよりもずっと低い価格での売却に応じるしかなくなってしまった。

---

　これらは決して他人事ではなく，多くのベンチャー・スタートアップ企業が実際に陥りがちな問題であり，問題が顕在化してから対応していたのでは間に合わないことも少なくない。しかし，これらの問題が顕在化する前の段階では，経営者や担当者が誰にも相談できないままでいる企業も多い。

　もちろん，創業すぐの企業にとって，目下の課題はサービスの開発と売上の向上である。創業期からその必要性が制度上わかりやすい税務と異なり，（少なくとも表面的には）売上に直接関係しないと思われる法務についての整備は

どうしても後回しになりがちというのが現状である。また，ベンチャー・スタートアップの経営者の中では，まずはサービスの開発や営業にリソースを注ぎ，その後，企業経営のステージに応じて法務マネジメントの体制をじっくりと整えていけばいいという風潮があるように感じられる。

　たしかに，企業経営のステージに応じて，直面する課題や備えるべき体制等に差異があるという点については一理ある。しかし，それは決して，現在のステージ以外の法的な問題について知らなくていいということを意味しない。

　むしろ，これまで多くのベンチャー企業が法務を軽んじた結果，取り返しのつかない損失を被ってしまったという過去の失敗に学び，意識を変える必要がある時期に差し掛かっているといえる。

　また，早い段階で企業経営に関する法律を意識することには次のようなメリットもある。

## メリット1：将来的なコストの削減につながる

　多くの場合，問題が起こってから事後的に対応するよりも，事前に予防策をしっかりと講じておいた方が結果的に金銭的・人的なコストパフォーマンスがよいといえる。それどころか，経営権をめぐる問題や，サービス自体の停止など，事後的には回復できない問題というものも存在する。

　経営陣において，限られたリソースをサービス開発や経営そのものに割きたいという考えはもっともであるが，少なくとも「創業者同士で後々会社経営について揉めないように，創業者株主間契約を結んでおいたほうがいい」といったことや「従業員を簡単に解雇してはいけない」といった基本的なルールともいうべき感覚については，法務担当者のみならず経営陣も備えておくべきである。これらの回復困難なトラブルを未然に防ぐことで，結果として将来的なコスト削減につながる面は大きい。

## メリット2：より挑戦的な企業経営が可能となる

　企業経営に関する法律を意識することは，企業の事業活動に伴うリスクとそ

の解決策を把握することにつながる。それにより，法的に問題のある企業活動を行うことにブレーキをかけられるという側面があるが，それだけではない。すなわち，一見するとこのようなブレーキが必要と思われる挑戦であっても，弁護士のような専門家の協力を得るなどして事業の適法化を図ったり，ルールメイキングと呼ばれる手法により規制自体に働きかけたりすることにより，適切なリスクテイクを行い，他社と差別化したより挑戦的な経営を行っていくことが可能となる。

### メリット3：長期的な企業経営に関するビジョンが持て，戦略的な経営が可能となる

　企業経営に関する法律を意識し，企業として目指すべき出口に向けて法律関係や企業の体制を整理することは，企業の長期的なビジョンを設計することにもつながる。そのため，企業経営の段階ごとに行うべき意思決定に迷いがなくなるし，IPOやバイアウト，資金調達時の際にも明確な方針をもって交渉や準備に臨むことができる。また，適切な資本政策を策定し，適宜のストックオプション制度を活用するなどにより，組織内での長期的なモチベーション維持につなげるといったことも期待できる。

　上記に列挙した以外にも，レピュテーションリスク（企業の評判・評価を棄損するリスク）の軽減や，健全な企業体制が整うことにより人材の流出が防げるなど，ベンチャー・スタートアップ企業の企業経営にとって早い段階から法律について意識することには数多くのメリットが存在する。

　実際に，革新的なサービスを生み出し，企業としても成長していく組織は例外なく，経営者の法律に関するリテラシーが高いか，優秀な法務スタッフがいるか，弁護士等の専門家と密接なパートナーシップを構築できているかのいずれかであるというのが，弁護士として多くの企業に接するうえでの日々の実感である。

　言い換えると，ベンチャー・スタートアップ企業であっても，早い段階から

法律への高い意識を持ち，戦略的に企業経営をしている企業が競争相手として存在するということである。

　これらの競争相手に遅れることなく成長的な企業経営を行っていただきたい。これが本書の目的である。

## 2　スタートアップの成長ステージ

　ベンチャー・スタートアップ企業は，成長段階に応じて，「シードステージ，アーリーステージ，ミドルステージ，レイターステージ」のそれぞれのステージに分けられる。

　本書に記載する項目はそれぞれ，ベンチャー・スタートアップ企業のいずれの成長段階においても留意すべき事項といえるものの，上記の各成長段階において特に注力すべき項目や，人員等の関係から実際に対応可能な事項には差がある。そのため，自社の成長ステージに適した取り組みを行うことが有益である。以下で成長ステージの内容と，各ステージにおいて留意すべきについて簡潔に記載する。

### (1)　シードステージ

　これから展開するサービス・プロダクトを開発する時期であり，「プロダクト段階」といった名称で呼ばれることもある。この段階ではまだ会社という形態を取らずに，開発チームのような形で活動しているケースも多く見られる。

◆　シードステージにおいて留意すべき事項
① 　新規事業に関する法規制等の検討（詳細は，55頁参照）
　シードステージにおいては，まずは自社の展開するサービスやプロダクトが違法ではないかといった法規制等を検討することが必要不可欠となる。

　サービスが違法であれば，営業停止等により事業活動の継続自体が難しくなるし，違法なサービスを提供した企業として認知されることによるレピュテー

ションリスクも生じ得る。

　弁護士等の専門家に相談して法規制等を確認することで，新規事業の適法性が判断できるとともに，届出や登録が必要な場合には，その要件や手続を確認することができる。実際に，書類で届出を行うだけで足りるケースや，プロダクトの一部を仕様変更するだけで，ビジネスモデルとして法的な問題点が改善されるというケースも多い。

　また，開発するプロダクトの仕様を決めたり，発注を行ったりする前段階で，法的に必要な手続（例えば，ユーザーに対する同意取得のプロセスを UI に組み込むなど）をあらかじめ把握しておくことで，ローンチ直前になって急遽仕様変更を行うといったロスを防ぐこともできる。そのため，シードステージにおいて法規制等の検討をしっかりと行っておくことはメリットが大きい。

## ②　会社設立・機関の整備・資本政策（詳細は，55頁参照）

　シードステージからアーリーステージにかけて，実際に会社を設立し，事業を開始することとなる。また，会社としてはイグジットに向けて機関設計や資金調達を行っていくこととなるが，資金調達やそれに伴う経営権等の変更については，一度行われてしまうと事後的にやり直すことは基本的にできない。そのため，無計画な資金調達によりイグジット時までに創業者が経営に関する決定権を失ってしまうといったケースも見られる。

　また，共同創業者との間で創業者間契約等により適切なルールを決めておかなかったことで，共同創業者間で会社経営に関する意見が食い違ってきた場合に会社として意思決定ができなくなるというトラブルも起こりうる。

　そのため，会社設立段階から，将来的にどの程度の資金調達を行うか，役員や従業員に対しストックオプションを付与するか等の，イグジットまでの大まかな資本政策を作成するとともに，共同創業者との間で創業者間契約を締結するなど将来に向けた取り決めを行っておく必要がある。

## (2) アーリーステージ

　会社を設立した直後から概ね2〜3年ぐらいの，サービスの拡大期を指す。シードステージで開発したプロダクト・サービスを実際に製造・販売開始する時期である。「スタートアップステージ」という名称で呼ばれることもあり，いわゆるスタートアップ企業のボリュームゾーンに当たる。

### ◆　アーリーステージにおいて留意すべき事項
### ①　ベンチャーファイナンス（詳細は，64頁参照）

　サービスがリリースされると，広告費やサーバー代等の維持費が必要となってくる。また，組織の拡大に伴い，従業員を雇用したり，業務を委託するようになるとそのための人件費が必要となってくる。

　そのため，アーリーステージにおいて，いわゆる「シリーズA」と呼ばれる最初の資金調達を行うケースが多い。

　外部のエンジェル投資家やベンチャーキャピタルから資金調達を行うために株式や新株予約権を発行する場合には，経営者の持株比率が低下することになるため，イグジット時まで最低限維持すべき持株比率を設定し，発行する株式等の数を慎重に決めていく必要がある。

　また，会社が順調に成長していくと，株価の算定の基礎となる企業価値も高まるため，基本的に後の資金調達のラウンドで参加する投資家のほうが，同じ数の株式を取得するにあたり高額の対価を支払うケースが多い。そのため，資金調達のラウンドが進むほど，投資家は自己の投資する金額に見合うメリットを求めるようになる。その結果として，投資家に有利な内容の投資契約を締結することや，普通株式より有利な条件を定めた優先株式による資金調達を行うことを検討する必要が生じる。もっとも，上記のとおり，資金調達は基本的には後のラウンドになるほど投資家が自己に有利な条件を求めるのが通常であることから，一度投資家に有利な条件で資金調達を行うと，その後の資金調達ではさらに投資家に有利な条件での調達を行わざるを得なくなる。

　そのため，資金調達を行う際には，投資契約の内容や発行する種類株式の内

容が，出資を受ける金額や，スタートアップの成長段階に見合わない過度な義務を負わされるような内容になっていないかどうかについても，専門家による事前の精査を行うことが望ましい。

　また，近年ではより簡易的・流動的な資金調達を行うための手法として，有償の転換価格調整型新株予約権であるJ‑KISSや，convertible notes（コンバーチブル・ノート）と呼ばれる転換社債型新株予約権付社債といった新しい資金調達方法が開発されている。これらの新たな資金調達方法のメリット・デメリットを適切に判断し活用するためにも，これらの動向に詳しい弁護士等の専門家に依頼することが有益である。

### ②　労務管理（詳細は，102頁参照）

　アーリーステージ以降，会社の成長に伴い，リソースの確保のために従業員を雇用したり，業務を委託したりといった必要が生じてくる。これらのリソースの確保に際しては，業務委託という形式を取るのか，労働法の適用のある雇用契約という形式を取るのかについて，業務内容や会社との指揮監督関係等の実態を踏まえて検討する必要がある。

　会社の事業に対し，より深くコミットしてくれる人材に働いてもらう場合，基本的には雇用契約の実態を伴うケースが多いと考えられるが，雇用契約により労使関係が生じると，労働法により様々な制約が生じるようになる。具体的には会社の就業規則を定めたり，残業や休日出勤に関する協定書を労働者との間で締結したり，各種の雇用保険への加入が義務づけられたりといった影響が生じる。また，一度労使関係が生じると，解雇や減給等の処分を行うことが困難となる。そのため，弁護士や社会保険労務士といった専門家とともに必要な労務に関する規定や書類の整備を行うとともに，人事評価制度等，労務管理のための体制を構築し，必要に応じて適法な解雇等が行えるような状況を備えていく必要がある。

## (3)　ミドルステージ

　アーリーステージを超えて，さらに事業が成長を遂げて収益を上げられるようになってきた時期を指す。「グロースステージ」や「エクスパンションステージ」と呼ばれることもある。

## ◆　ミドルステージにおいて留意すべき事項

　ミドルステージにおいては，これまでシードステージやアーリーステージにおいて留意すべき事項として指摘した資金調達や労務管理等について引き続き留意するとともに，その先のレイターステージに向けた準備を行っていく必要がある。

　具体的には，契約書や議事録等の書類をデータベース化するなどして管理したり，必要な許認可を取得したり，社内の労務体制を改めて整備したりといった，企業体制の健全化を行っていくことが必要となる。

## (4)　レイターステージ

　自社の事業により持続的なキャッシュ・フローがある時期であり，IPO・M&Aの準備段階である。事実上，ベンチャー・スタートアップ企業の成長の最終段階であるといえる。なお，米国ではベンチャー・スタートアップ企業のイグジットの約9割はM&Aによるものであるのに対し，日本では約7〜8割がIPOによりイグジットしており，多くの企業が基本的にはIPOを目指して企業経営を行っていくこととなる。

## ◆　レイターステージにおいて留意すべき事項

　レイターステージにおいては，これまでの各ステージでの留意事項に加えて，上記のとおりIPO，M&Aの準備（第5章，136頁参照）がメインの課題となる。IPOの際の上場審査や，M&Aの際のデュー・デリジェンスに備えて，監査法人やコンサルタントと契約するなどして，企業経営の健全化を図ることとなる。具体的には，定款や就業規則等の会社内ルールの整備，契約書や議事録

等の必要書類の作成・管理，必要な許認可の取得等を行う必要がある。また，これまでの資金調達時において，イグジット時の利益分配等について適切な取り決めを行っていなかった場合には，イグジットに反対する株主の権利行使によりイグジットに支障が生じる場合があるため，株式の種類を転換するなどして株主の権利関係を整理しておく必要がある。

　また，これまで貢献してくれた役員や従業員に功労的な意味合いで利益を還元するとともに，IPO 後のさらなるコミットメントを期待するために，ストックオプションなどを付与しておくということも考えられる。

## 3　まとめ

　以上，ベンチャー・スタートアップの企業経営に法律についての意識が早期に必要となる理由と，具体的な実践のマップとしての本書の構成について，ベンチャー・スタートアップの各成長ステージに即して述べてきた。

　本書を通じて，1つでも多くの企業が戦略的な企業経営を行い，成長していくことを願う。もっとも，本書に記載の知識や手段等をすべて経営者において理解し，実践していただく必要はないと考える。

　むしろ，本書で得た知識や視点を元に，経営者や企業のメンバーが専門家と協働し，最適な企業経営について考えていくことこそが，これからのベンチャービジネスと法律にとっての理想的な形といえるだろう。

# 第 2 章

# 適法性調査と
# ルールメイキング

　本章では，企業がこれから新規事業を実現しようとした際，多くの場合最初に検討すべき，法律等の規制に関する調査を説明する。

　新規事業を提供しようとする場合，その新規性ゆえに法律等の規制が障壁となる場合がある。そのような障壁に突き当たった場合，事業自体を諦めるのか，事業を法律に合わせて組み替えるのか，ある程度のリスクをとった上で事業を強行するのか，また，法律そのものを変えるために動くのかという，いくつかのオプションがあり，その判断がまさに経営判断といえる。このような経営判断を行うためにどのようなリサーチを行うのかといったことについて説明を加える。

　また，既存のルールそのものを変えて，起業家が実現したい未来を実現するためのチャレンジである「ルールメイキング」という考え方についても解説する。

# 1　はじめに

　スタートアップでは，これまでにない新規性のある事業を扱うため，事業を進めるうえで，これまで十分に議論されてこなかった法令上の問題が生じることが多くある。また，これまで議論されていたとしても，自社で行うビジネスの内容に当てはまるのか悩む経営者の方が悩みも多いだろう。本章では，適法性調査を行う必要性，及び適法性調査の方法について解説する。

　さらには，社会的な必要性が高いにもかかわらず，現状の法令により事業が制限されている分野について，新たな法令の解釈を確立したり，法令そのものの改正，または制定したりすることにより法律の制限を回避する「ルールメイキング」という考え方とその具体的な制度について解説し，最後に，弊所でスタートアップの経営者からよく相談される事例について，規制の解説をする。

## 2　適法性調査の必要性

### (1)　スタートアップの置かれる現状

　スタートアップを営む上で適法性の問題に直面するのは，IPO に向けた上場審査のときや，M&A における法務デューデリジェンスのときである。特にスタートアップに対する M&A におけるデューデリジェンスの際には，買収後に修正が可能なコーポレートガバナンスに関する部分よりも，事業をする上での許認可の取得や事業の適法性等，事業そのものに関する部分に関しての調査が重視されることが多い（第5章161頁参照）。

　しかし，このようなエグジット段階になって，法令違反が明らかになったとしても，ビジネスの方向性を大きく転換することは難しい。そのため，法令違反の発覚は大きなリスクとなる。

　スタートアップが扱うビジネスは，新規性に大きな価値がある反面，それにより規模は小さくても様々な審査において厳しい基準で判断されることが多く，

法令違反が発覚する可能性が高い。したがって，スタートアップが扱うビジネスは，既存のビジネスよりも，適法性の調査に注力する必要性が極めて高い。そのため，ビジネスの適法性調査は，設立前後やシード期においてなるべく行っておく必要がある。

## (2)　法令違反をした場合のリスク

　法令に違反した場合にまずイメージできるのが，罰金や懲役などの刑事罰が課せられるケースであろう。これには，会社に対して刑事罰が課せられるものだけでなく，当該法令違反のあった事業の担当者や会社の代表者に対して刑事罰が課せられるものもある。

　また，刑事罰の他にも行政庁から発出された許認可が取り消されたり，業務停止命令などの命令が出され，事業そのものが継続できなくなることがある。このような場合には，売上が発生しないので，ビジネス自体が存亡の危機に直面することになる。

　法令に違反することで生じる法的な効果以外にも，刑事罰や行政処分を受けたことが報道されることによって，企業の評判が落ちることも大きなリスクである。特に，スタートアップの場合には，大企業とは異なり，事業の実績がない場合がほとんどであり，もともと信用性が低いことが多いため，法令違反によるレピュテーション低下が発生した場合には信用性の回復が困難になる。場合によっては，新たな融資を断られるなど，事業が立ち行かなくなるほどの大きな損失を招くことがある。

　なお，上記の法令の執行とは別に，労働基準監督署の立入り調査など行政機関による調査が行われることもある。レピュテーションの低下は，このような調査の対象となっただけでも生じる。調査への対応を誤れば，それによって防げたリスクも防げなくなる可能性がある。

## (3)　法令違反に対応する際の考慮要素

　法令違反が発覚し，これに対応する際には，次の点を考慮すべきである。

　まず，法令に規定された文言に違反をしたからといって，直ちに刑事罰を課されたり行政からの処分を受けたりするかというとそうではない。法令に違反した場合，その法令が執行されるかどうかについては，規制省庁の裁量があるのが一般的である。法令違反があったとしても，どの程度の違反で当該法令に基づき執行がなされているかを考慮する必要がある。

　当該法令がどのように運用されているのかについては，当該法令のガイドラインが参考になる。法令のガイドラインには，特定の事業について法令の適用の基準が記載されることがあるが，ガイドラインの記載はあくまで例示であることが多く，自事業の具体的なビジネスに対し法令が実際に適用されるかについては判断できないことが多い。この点については，問題となる法令の専門家である弁護士へ相談するのが得策である。

　また，新しい法令が制定されても，実際に世の中で適用されるようになる施行時期までに年単位の期間が設けられることが多い。大企業であればコンプライアンスを徹底しなければならないので，時間や人材を十分に割き，法令の新たな制定や改正に対応することができる。しかし，スタートアップの場合には法令の新たな制定や改正に対応できる時間や人材も足りていないことが多い。そのため，新しい規制ができたことによって法令に違反した状態になっても，当該違反をすぐに是正できるかどうか判断しなければならない。費用対効果の観点から，そもそも即時に対応すべきかどうかという点も判断が求められる。

　法令違反のリスクを下げることは大切である。しかしながら，自事業の人的，時間的コストを考慮し，対応に関してどの程度コストをかけるのかを判断することが必要である。

# 3　適法性調査の方法

## (1)　調査の流れ

　適法性を調査するには，いくつかの段階がある。まず，どの法令が問題になるのかを調べることが必要になる。個別の法令名を確認するだけではなく，具

体的にどのような規定文言の問題であり，その規定に反した場合の法律効果を確認する。

　次に，問題になる法令と規定がわかったところで，その規定に自社のビジネスがあてはまるのか，文言の解釈や具体例を調べる。

　最後に，自社のビジネスに法令の規制があてはまるとして，その法令の規制が実際に執行され，自社が不利益を受ける可能性はどの程度あるのかを調査する。この点を調査することは難しいが，コストを考慮しつつ，できる限り調査を行う必要がある。以上の点をどのように調査するかを説明する。

## (2)　調査の具体的な方法
### ①　社内での調査
　社内での調査については様々な方法があるが，次の(i)〜(iv)の順番に調べるのが効率的である。

### (i)　同種ビジネス・周辺ビジネス
　社内で行うことができる調査として，自社のビジネスと同種または周辺のビジネスを調査することが考えられる。同種または周辺のビジネスを調べることで，自社のビジネスで問題になりそうな法令を知ることができ，その法令が自社のビジネスにもあてはまり，結果的に法令の執行を受けることがあるのかを想定することができる。上記(1)で述べた調査を一度に調べられる可能性があるため，まずはこのようなビジネスについて調べることをおすすめする。

　例えば，自社のプロダクトやある分野の特化した商品をインターネットで販売するビジネスを始めたい場合には，インターネットを通じて商品やサービスを販売する，いわゆる EC サイトの運営に必要な対応が求められる。一般消費者へ販売することを目的とした場合には，EC サイトは特定商取引に関する法律（以下，「特定商取引法」という）上の通信販売に該当するため，特定商取引法上の表記（販売代金，代金（対価）の支払時期，支払方法など）が必要になる（特定商取引法11条）。インターネットを通じて商品の販売を行うビジネス

を行う場合には，この表記が必要か確認する必要がある。

　同種ビジネスがすでに成り立っているのであれば，自社のビジネスにも法的な問題はないと判断することもできる。ただし，自社と違う点がある場合には，その点に適用される法令を確認し，適法を別途判断しなければならない。

　同種ビジネスを調査する方法としては，就職活動で使うような業界地図が載っている文献を調べると，基本的な知識として業界で問題となる法令が説明されていることが多い。問題となる法令を一通り調べるときには，このような文献にあたることもきっかけになる。

### (ii)　インターネットの記事

　インターネットにおいて，キーワードと「法令」を検索すると，弁護士が作成している記事を参照することができる。このような記事によっても，問題となる法令やその法令の規定について，迅速に調査することが可能である。また，文言の解釈や裁判例などについて解説されている記事があり，詳細な情報に手短にアクセスすることが可能である。

　ただし，インターネットのホームページは，あくまで弁護士が自身の紹介を兼ねて載せているものが多く，いつ消去されるかわからないものである。また，一般的な知識を得ることはできるが，実際に自社ビジネスに法令があてはまるのか，個別の判断を行うことは難しい。したがって，このような記事については，あくまで問題となる法令やその規定自体の調査を行うにとどめ，自社のビジネスにあてはまるか，執行可能性があるかという点については，別の方法で調査する必要がある。

### (iii)　省庁のホームページ

　問題となった法令が明らかになった場合には，当該法令を担当している規制省庁のホームページにアクセスし，公開されている各規定の説明やガイドラインを参照することが大切である。

　というのも，ガイドラインは規制省庁が公表しているものなので，情報とし

ての正確性が高いため，個別の法令が自社のビジネスにあてはまるか，実際に執行可能性があるかを調査する最も確実な材料になる。

### (iv)　文　献

　また，法令が自社のビジネスにもあてはまり，実際に法令が執行される可能性があるか調査するためには，文献にあたることも重要である。

　どのような文献にあたるかであるが，調査対象となる法令について文献をインターネットで検索し，なるべく多く読まれている比較的新しい文献を調査すべきである。多く読まれているということは，その分野において通説的な考えを解説している文献であり，新しい文献のほうが法令の改正や最新の判例についても反映された内容である場合が多い。

　また，弁護士が執筆しているもので，かつ Q&A 形式になっている文献は，具体例やよくある事例が Q になっているものが多く，自社のビジネスと比較することができる。

### ②　行政庁への照会
#### (i)　担当省庁へのヒアリング

　適用される法令や規定についての調査が完了しているのであれば，自社ビジネスへのあてはめや執行可能性について，各法令の担当省庁にヒアリングする方法が最も早く回答が得られると考えられる。この調査を進めるには，調査対象である法令の担当省庁を確認する必要がある。この点については，「法令名」と「担当省庁」をインターネットで検索して担当省庁を調べ，その担当省庁のホームページで取扱い法令として挙げられているか確認して担当省庁を特定する。通常は，法令ごとの担当部門までホームページで調べることができる。

　ヒアリングの方法であるが，各省庁の代表の電話番号にかけて，調査している法令を伝えると，担当部門に転送してくれる。担当部門において，具体的な法令や条文を伝えヒアリングすることになる。担当省庁へのヒアリングは，「この法令の○条の○という文言」や「○というガイドラインの○という部分」

といった方法で問合わせ内容を特定しないと，質問の意図が伝わらず有益な回答を得られない点には注意が必要である。

### (ii) 法令適用事前確認手続（ノーアクションレター制度）

　法令適用事前確認手続（ノーアクションレター制度）とは，事業者が実現しようとする自社のビジネスにかかる具体的な行為について，その行為が特定の法令の規定の適用対象となるかどうかをあらかじめ担当の行政機関に確認し，その機関が事業者に回答を行うとともに，その回答を公表する手続である（【図

【図表2－1】　「経済産業省における法令適用事前確認手続」
（ノーアクションレター制度）の概要

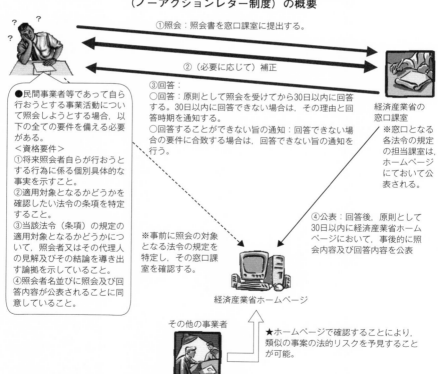

出所：経済産業省ホームページ「経済産業省における法令適用事前確認手続」

表2－1】)。

　前記のとおり，当該法令の規制省庁はインターネットでも調べられ，その
ホームページにおいて具体的な手続が記載されているので参照されたい。手続
自体が大きく異なるわけではないが，省庁ごとに細かい手続を個別に定めてい
る可能性がある。

　照会できる内容は，具体的な事業を行うことが無許可営業や無届事業等にな
らないか，その事業を行うことで業務停止や免許取消などの不利益処分を受け
ることがないか，及びその事業を行うことに関して義務を課され，権利を制限
されることがないかという点に限定されている。

　照会方法は，①計画している新しい事業や取引の具体的内容，②適用対象と
なるかどうかを確認したい法令，③法令の適用の有無についての照会者の見解
とその根拠，④照会および回答を公表することについての同意，について記載
した照会書を，照会窓口である監督局の総務課に提出する。なお，照会書につ
いては，必要に応じて補正を依頼されることがある。

　本手続の対象とならない照会や，回答を行うまでの間に照会の取下げの申出
があった場合以外は，原則として，規制省庁の担当部門が照会書を受領してか
ら30日以内に，見解および根拠を明示した書面により回答が行われる。ただし，
照会事案の内容や照会件数の多寡等の事情に応じて，回答までの期間を30日以
上とする場合がある。

　このように，ノーアクションレター制度は担当省庁から比較的短い期間で自
社ビジネスへのあてはめと執行可能性について回答が得られる制度であるとい
うメリットがある。しかし，問合わせ内容が公表され，競争事業者にビジネス
の内容が知られるリスクがあるというデメリットもある。

## (iii)　グレーゾーン解消制度

　グレーゾーン解消制度とは，新しい事業を実施しようとする者が，事業の所
管省庁に対し，実施しようとする事業活動および関連する事業活動に関する規
制について規定する法令の規定の解釈や，当該新事業活動およびこれに関連す

る事業活動に対する当該規定の適用の有無を確認する制度である。

　ノーアクションレター制度とは異なり，規制を所管する省庁ではなく，事業を所管する省庁に問い合わせることができる。問合わせの内容がその所管する法律および法律に基づく命令に関するものであるときは，遅滞なく回答を得られる。

　事業を所管する省庁と規制を所管する省庁が異なる場合には，問い合わせを受けた事業を所管する省庁から，遅滞なく，規制を所管する省庁に対し照会が行われる。この場合において，規制を所管する省庁は，遅滞なく，照会した事業を所管する省庁に対し回答と同時にその回答内容を公表する。事業を所管する省庁は，問い合わせた事業者に対し，遅滞なく，その回答の内容を通知する。

　また，ノーアクションレター制度とは異なり，問合わせ内容は罰則や業務停止などの不利益処分に関する問合わせに限られず，事業に関する法令についての情報の提供が得られることがメリットである。また，規制を所管する省庁ではなく，事業を所管する省庁への問合わせ制度であることから，事業者の立場に立ったアドバイスを受けられるメリットもある。

　この制度を利用した例として，人材紹介のネットサービスが職業安定法4条1項の「職業紹介」に該当しないかを問い合わせた事例が公表されている。この「職業紹介」に該当する場合には，厚生労働大臣の許可が必要になる。このサービスは，求職者と企業とのマッチングをオンラインで行うもので，人材募集企業が作成した募集記事の中から，その記事の閲覧者の閲覧状況を踏まえ，興味のありそうな記事を優先的に検索一覧に表示するというサービスであった。

　この問合わせに対しては，当該サービスは求人を全件表示させるものであり，かつサービスを提供する事業者は表示される順位を変更するにすぎず，その事業者が求職者との連絡をとるわけではないことから，企業と求職者との間における雇用関係の成立を斡旋していないといえ，職業紹介には該当しないと回答があったということが公表されている。

　グレーゾーン解消制度は，正式な申請があった時から，原則として1カ月以内に回答が得られることになっている（【図表2－2】）。

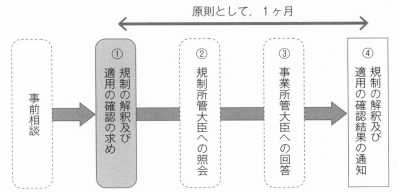

【図表2−2】　申請の流れ

原則として，1ヶ月

事前相談 → ① 規制の解釈及び適用の確認の求め → ② 規制所管大臣への照会 → ③ 事業所管大臣への回答 → ④ 規制の解釈及び適用の確認結果の通知

出所：経済産業省ホームページ「産業競争力強化法「企業実証特例制度」および「グレーゾーン解消制度」の利用の手引き」

### 行政庁への照会

| 照会方法 | メリット | デメリット |
|---|---|---|
| 担当省庁へのヒアリング | ・簡便である<br>・すぐに回答が得られる | ・質問の意図が伝わりにくい<br>・十分な回答が得られない可能性がある |
| 法令適用事前確認手続（ノーアクションレター制度） | 規制適用に関して回答が得られる | ・回答結果が公開される<br>・質問の範囲が限定される<br>・時間がかかる |
| グレーゾーン解消制度 | ・質問範囲の限定がない<br>・事業に関するアドバイスが得られる | ・回答結果が公開される<br>・時間がかかる |

### ③　弁護士への依頼

　スタートアップ企業で，事業に集中したいということであれば，適法性調査を弁護士に依頼することが考えられる。

　弁護士に依頼するメリットとしては，調査すべき法令を網羅することができる点にある。数多くの法律相談を受けている弁護士であれば，社内での調査よ

りも早く問題となる法令にアクセスすることができる。どこまで調査範囲を広げるかを判断するには法律知識と経験が必要になる。

　そして，具体的に問題となる条文や文言をピンポイントで把握するためには，法令の構造を分析する必要がある。前記②（19頁）の担当省庁へのヒアリングや省庁への照会制度を利用する際にも，法令の文言をピンポイントで指摘したほうが，より質問の意図に合った調査結果を得られることから，弁護士に依頼することが望ましい。また，法令が実際に執行されるかという調査についても，他社の事例も踏まえたアドバイスを受ける必要があるため，様々な相談を受けている弁護士に相談すべきであろう。弁護士に相談し，その調査結果をレポートや意見書にまとめてもらうことも重要である。調査結果を残すことによって，規制省庁の調査が入った際に説明資料として利用できるからである。

　なお，弁護士に相談する際には，弁護士報酬について十分に確認する必要がある。予算を明らかにし，料金の詳細，特にタイムチャージの場合には，何人の弁護士を雇うかなど（通常，タイムチャージは作業する弁護士ごとに算定される），確認してから依頼すべきである。

# 4　ルールメイキング

## (1)　ルールメイキングの必要性

　以上のように，ビジネスの適法性調査をする際には，既存の法律にどのように適合させるかという考えが一般的である。

　しかし，AI 技術などが発展したり，IoT 化が進むことにより，あらゆるモノの自動化が可能になると，今まで考えられなかったビジネスが生まれる。例えば，AI の自動性や正確性から，人と同様に AI 技術を前提にしたビジネスを規制対象に含んでよいかが明らかでない法分野も多くなってくる。

　このように，技術の進化が予測できない時代においては，どのような問題が生じるかを事前に想定することが難しいため，その問題を防ぐための法令を事前に作成することは困難である。そのため，法令がない，または明確になって

いない部分についてビジネスを行う事業者が主体となって積極的にルールを作っていくということが必要になる。

　ビジネスにおいては，法令がない，または明確になっていないグレーゾーンがあることを当然の前提として，既存のビジネスとの差をつけるために，そのグレーゾーンを利用することがある。その際には，既存の法令に違反するかどうかだけではなく，場合によっては自己に有利なルールや解釈を明確に作って事業を進めることも重要になることがある。技術の発展によって変化が激しい時代においては，既存の法令の下で競争をするというのではなく，法令をいかに自社のビジネスのために有利に作り出していくかという視点が重要になるのである。

## (2)　ルールメイキングとは

　ルールメイキングといったときに，規制を緩和させる方向のものがイメージしやすいだろう。例えば，道路交通法のように，従来は人が主体となっていることを想定している法分野において，AIの活用によって厳密に規制する必要がなくなり，規制を緩和させることが考えられる。また，ルールを一から作るのではなく，既存の法令の条項にある文言の解釈を広げ，自社のビジネスを規制対象から外すこともルールメイキングの1つである。

## (3)　ルールメイキングのための視点

　では，事業者が，ルールメイキングをする際に，どのような視点をもって行うべきであろうか。

　前記のグレーゾーン解消制度や，後述する企業実証特例制度について定めた産業競争力強化法1条において，その法の目的は「……国民生活の向上及び国民経済の健全な発展に寄与することを目的とする。」と規定されている。この規定から，法令の変更や規制緩和は，あくまで国民の生活や経済の発展に寄与するものでなければならないということが読み取れる。

　事業者としては，ルールメイキングをした結果，国民の生活にどのように役

---

---

立ち，社会全体の発展につながる事業であるかをアピールすることが重要である。すなわち，自社の事業内容を説明して，この事業は国民からニーズがある事業であるので，法令の改正や解釈の変更といったルールメイキングが必要である，という視点を持たなければならない。

## (4) ルールメイキングの制度

以下，ルールメイキングに関する制度を紹介する。各制度は，事業者からの提案があり，試験期間を経て実証されて，正式なルールとして法令などの変更がなされることを基本的な流れとしているが，その制度の規模，方法や目的が異なる。

### ① 新技術等実証制度（プロジェクト型サンドボックス）

新技術等実証制度とは，AI，IoT，ブロックチェーン等の革新的な技術の実用化の可能性を検証し，実証により得られたデータを用いて規制制度の見直しにつなげる制度をいう。

この制度は，企業にとって取り組みたい事業があった場合に，その事業の実現可能性を検証するためのものである。一方で，規制省庁にとっては規制対象とすべきかの判断のためのデータを手に入れるためのものである。

事業者は策定した計画を記載した申請書を，内閣官房にある窓口に提出する。そして，内閣官房から事業所管大臣または規制所管大臣に申請書が送られ，計画認定および公表または認定しない旨の通知が返送される。計画が認定された場合には，計画通りの実証が実施される。その間，事業所管大臣や規制所管大臣に定期報告や終了報告の上，必要があると判断された場合には，規制の見直しが行われる（【図表2－3】）。

【図表2－3】　申請の流れ

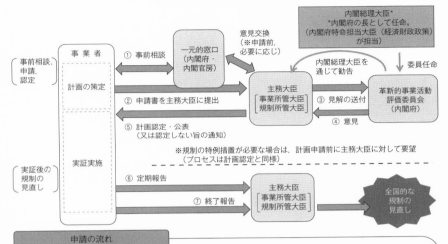

申請の流れ

①事業者は，一元的窓口に相談，申請書の記載を調整し，事業所管大臣に正式申請。

<申請書記載事項>
○実証内容：革新的な技術又は手法等（例：AIを使った●という事業）
○参加者等の範囲と同意の取得方法（例：サービスの利用者等）
○実証の期間・場所（例：期間3か月　場所：●市の●範囲，インターネット空間上等）
○実証に関する規制法令（なるべく条項を特定）
○実証に必要な規制の特例措置の内容（特例措置を受け実証を行う場合）
○実証を適切に実施するための措置（例：関係者以外が立ち入らないようにフェンスを設ける，補助員を配置する等）

②主務大臣は申請書を受領後，1ヶ月以内に革新的事業活動評価委員会に見解を送付し，同委員会の意見を受領後1ヶ月以内に認定の可否を通知。

③実証期間中，事業者は定期的に状況を主務大臣に報告。実証期間終了後は，規制所管大臣が実証結果に基づき規制の見直しを検討。

出所：首相官邸ホームページ，成長戦略ポータルサイト「新技術等実証制度（プロジェクト型サンドボックス）について」

　申請した計画が認定されるかの結果は2カ月以内に出されることになり，実証実施の期間については個別に決定される。参加者についても個別に決定される。

　前記のとおり，事業者にとっては，規制の対象となるビジネスを行おうとしたときに，特例としてそのビジネスを行った上で，そのビジネスがそもそも収

益性・実現性があるものであるかのデータを取得できるというメリットがある。その結果，事業者はビジネスモデルの見直しにつなげることができる。

## ②　新事業特例制度（企業実証特例制度）

　新事業特例制度（企業実証特例制度）とは，新事業活動を行おうとする事業者による規制の特例措置の提案を受けて，安全性等の確保を条件として，「企業単位」で，規制の特例措置の適用を認める制度をいう（【図表2－4】）。この制度は，前記①の新技術等実証制度と異なり，規制の見直しなどをせずに，より直接的に，事業の安全性を認めてもらい，規制の特例措置を認めさせる制度である。

【図表2－4】　新事業特例制度（企業実証特例制度）の流れ

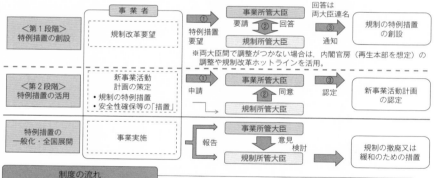

①新事業活動を実施しようとする事業者は，規制の特例措置の要望を事業所管大臣に提案。
②事業所管大臣は，規制の特例措置について，規制所管大臣に要請，規制所管大臣が回答（原則1ヶ月以内に回答。1ヶ月以内に回答できない場合は，1ヶ月毎にその理由を申請者に通知）。事業所管大臣は回答を事業者に通知。
③回答の調整がつかなかった場合は，内閣官房が調整するか，又は規制改革ホットラインを活用。
④規制の特例措置を講ずる旨の回答をした場合，規制所管大臣は，規制の特例措置を創設。
⑤事業者は新事業活動計画を策定し，事業所管大臣に申請。事業所管大臣は規制所管大臣の同意を得て同計画を認定。

出所：経済産業省・北海道経済産業局ホームページ「産業競争力強化法に基づく企業単位の規制改革制度について」

　企業としては十分に安全性を実証できているにもかかわらず，規制がネックとなり，事業として展開できない場合にこの制度を利用するメリットがある。また，正式に申請してから，原則として1カ月で回答が得られる点と事業所管省庁の協力が得られる点もメリットといえる。ここでいう協力とは，申請する際に，この制度が適切かどうかを相談でき，また，申請書の内容についても相談しながら作成することができることを指す。

　この制度は，特例が認められないという結論に至ったとしても，規制対象の範囲が明らかになるという，グレーゾーン解消制度と同様の効果が得られる。

### ③　国家戦略特区

　国家戦略特区とは，「世界で一番ビジネスをしやすい環境」を作ることを目的に，地域や分野を限定することで大胆な規制・制度の緩和や税制面の優遇を行う規制改革制度をいう（首相官邸ホームページ参照）。国家戦略特区は，活用できる地域を限定して，その地域で成功例を作り，岩盤規制[1]の改革をするものであり，ルールメイキング例の1つとして考えられる。この制度と他の制度が異なる点は，特例措置の対象がビジネスや事業者ごとではなく，地域ごとになるという点である。

　国家戦略特区の仕組みは，「特例措置の創設」と「個別の事業認定」の2つのプロセスで成り立っている。「特例措置の創設」は，事業者からの提案を基に，提案者と関係省庁とで実現に向けた論点を抽出し，特区諮問会議という会議の審議を経た上で，国家戦略特別区域法や関係法令の改正により，特例措置を実施可能にする手続である。その後，「個別の事業認定」の段階において，事業者を公募し，具体的な区域の計画案を作成し，再度特区諮問会議の審議を経て，特例措置を可能にする。事業の成功をもって，法令の改正が行われ，実際にその法令が施行されまたは特例措置が広がることにより，他の地域におい

---

　　1　岩盤規制とは役所や業界団体などが改革に強く反対し，緩和や撤廃が容易にできない規制のことであり，経済成長の観点から多様な分野で規制緩和が行われた中で，既得権益を持つ関係者の強い反対にあって問題の解決が後回しにされた規制を指す。特に医療，農業，教育，または雇用などの分野に見られる。

ても同じ事業を行うことができるようになるという制度である。

　この制度が用いられた代表的な例としては，兵庫県養父市で，農業の担い手不足や耕作放棄地の解消のため，今まで農地法で農地所有適格法人以外に認められていなかった民間事業者による農地取得を提案した結果，特例措置として認められたものがある。これにより，企業の資本が投下されることになり，農業を営む環境が整い，雇用を創出するとともに，農業が継続できるようになったのである。

　近未来技術分野においても，自動車の自動運転や小型無人機による荷物配送などの実証実験が行われている。道路運送車両法や道路交通法，航空法，電波法などの許可を，区域計画の認定により一括して許可があったとみなすという計画を策定したという事例もある。地方創生のイメージがある特区制度であるが，規制改革メニューには創業，観光，医療，または教育など幅広い分野が含まれている。

【ルールメイキングの制度まとめ】

| 制　　度 | 適用範囲 | 方　　法 | 目　的 |
|---|---|---|---|
| 新技術等実証制度（プロジェクト型サンドボックス） | 事業単位 | プロジェクトの実現可能性規制のためのデータの調査 | 規制の見直し |
| 新事業特例制度（企業実証特例制度） | 企業単位 | 規制対象の明確化 | 特例措置の適用 |
| 国家戦略特区 | 地域単位 | 規制上の優遇 | 地方創生 |

# 5　適法性調査の例

　以下では，ビジネスの適法性に関してよく相談される質問について，解説することとする。

## (1)　インターネット上での個人情報の収集管理

　インターネット上でのサービスを行ううえで，ユーザーの情報を登録することを想定している場面は多くある。例えば，インターネット上での商品の販売が行われる場合，事業者はユーザーの情報を取得した上で取引をするのが通常である。このような顧客管理を行うため，個人情報を取得することは避けられない。個人を特定しうる情報やその情報を組み合わせた形で取得する事業者は，個人情報の管理主体として個人情報の保護に関する法律（以下，「個人情報保護法」という）の適用を受ける。

　日本の個人情報保護法においては，情報を取得するに際して，その利用目的を通知または公表しなければならない（同法18条1項）。そこで，インターネット上で，プライバシーポリシーという形でユーザーに利用目的を開示することが一般的になっている。また，情報を取得した事業会社から第三者に情報を提供する場合には，原則として情報主体であるユーザー個人の同意が必要になる（同法23条1項）。そのため，プライバシーポリシーにおいて個人情報を第三者に提供することがあることを規定し，そのプライバシーポリシーに同意したと後から確認できるように，ユーザーが個人情報を登録する際に「同意した」というチェックボックスにチェックを入れるシステムを導入することが一般的である。

　また，個人情報保護法においては，個人情報を取得した事業者において，適切な管理体制を取ることが求められている（同法20条）。管理体制を講じるための具体的な手法は，平成28（2016）年11月（令和3年1月一部改正）に公表された個人情報保護委員会「個人情報の保護に関する法律についてのガイドライン（通則編）」に例示されている。なお，スタートアップのように従業員の数が100人以下の中小規模事業者においては，個人情報を取り扱う従業者[2]の数が一定程度にとどまることを踏まえ，円滑に管理体制を講じるための手法の

---

2　「従業者」とは，個人情報取扱事業者の組織内にあって直接間接に事業者の指揮監督を受けて事業者の業務に従事している者等をいい，雇用関係にある従業員（正社員，契約社員，嘱託社員，パート社員，アルバイト社員等）のみならず，取締役，執行役，理事，監査役，監事，派遣社員等も含まれる。

例が示されている。例えば，個人情報の取扱いの基本的なルール（管理担当者，管理方法，チェック体制など）を決める，漏えいしないように従業者を教育する，紙媒体で管理している場合は鍵のかかる引き出しに保管する，パソコン等で管理している場合は，ファイルにパスワードを設定する，パソコンにセキュリティ対策ソフトウェアを導入するなどの手法が挙げられている。

　個人情報を取り扱う事業者においては，上記のような対応が最低限求められるため，その適法性を調査するためには，自己のビジネス内容の中で取得する個人情報の種類，その利用目的，移転する可能性のある第三者（情報管理のための委託先も含む）を明確にしておかなければならない。

　なお，個人情報に関して，海外においては日本よりも厳しい規制がある点に注意が必要である。海外に居住する個人（国籍は問わない）の情報を取得する可能性がある場合には，その国の法令が適用される可能性があるため，その法令にも適合した対応が必要になる。そのため，自社事業において，どこの国に居住する個人情報を取得するかについても確認する必要がある。

## (2)　動画，音楽または写真を使ったビジネス

　最近では，他人が作成した動画，写真またはイラストなどを紹介して，ユーザーがそのような創作物を利用できるサイトを運営するなど，他人の創作物を利用したビジネスに関する相談が増えている。このような他人が作成した動画や写真をビジネスに利用する場合には，著作権法を遵守する必要がある。ここでは，著作権法上，知っておくべき基本的な問題点を解説する。

　著作権とは著作物を利用する権利をいう。この著作物とは，「思想又は感情を創作的に表現したものであって，文芸，学術，美術又は音楽の範囲に属するもの」をいう（著作権法2条1号）。すでに市場で販売されている書籍や音楽などは著作物であることは明らかであるが，動画配信など自己の創作物を発表する人が増えている昨今においては，そのように作成された動画についても著作物になることを意識すべきである。個人の何らかの個性やオリジナリティが含まれている作品であれば，それが芸術品かどうかにかかわらず，著作物にあた

るものとして対応しなければならない。

　著作物を作成した者を著作者と呼ぶが，この著作者に原則として著作権が帰属することになる（著作権法17条1項）。著作物そのものを利用するビジネスの場合には，著作者など著作権を有する者（著作権者）の許可が必要になる。著作権は著作者に帰属することが原則であるが，著作者と著作権者は異なることがある。著作権は，著作物を利用する権利であり，財産的な権利であるが，当該権利が著作者とは別の者に帰属することがある。例えば，映画であれば，映画監督が著作者である一方，配給会社が著作権者であることが多い。そのため，映画を上映するためには，映画監督ではなく映画配給会社の許可を取り付けなければならないことがある。

　著作権の内容である著作物の利用とは，複製，上演・演奏・上映，公衆送信，口述，展示，頒布，譲渡，貸与，翻訳・翻案，二次的著作物の利用などがある（著作権法2章3節3款参照）。ここでは，詳しい説明は省略するが，著作物そのものの価値を利用して利益を得るビジネスを行う場合，この著作物の利用のいずれかに当たることから著作権者の許可が必要となることを認識しておく必要がある。例えば，ユーザーがプラットフォーム上に書き込みをするインターネット上の掲示板などの場合には，作成したユーザー自体が著作権者になるのが通常であるところ，プラットフォーマー側に当該書き込みの著作権を帰属させたい場合には，利用規約にその旨を記載し，ユーザー自身の同意を取り付ける必要がある。

　一方で，動画の紹介サイトの運営などのように，著作物を紹介するようなビジネスにおいても，著作物そのものの価値を利用しているともいえるので，サービスの利用規約において著作権の帰属を明確に利用規約に規定することが重要である。また，知的財産の問題に限られないが，当該サービスの利用者間の紛争については，プラットフォーマーは責任を負わない旨も明確に規定する必要がある。これは，違法行為の誘発となるサービスの提供を防止するという適法性調査の1つの視点が求められる例である。

　なお，コスプレや同人誌など漫画のキャラクター利用について問題になる場

合も多い。キャラクターそのものは表現されていない概念そのものと考えられており，著作物ではないが，実際にキャラクターが描かれたイラスト自体は著作物に当たる。そして，誰が見てもイラストに描かれたキャラクターが当該漫画のキャラクターであることが明らかであれば，その漫画のどのイラストを元に作成したか特定できなくても著作権の侵害となる可能性が高い。

　ただし，同人誌などあくまで元のキャラクターや作品を広める効果があると考えられ，たとえ著作権侵害にあたる場合であっても著作権者から差止請求や損害賠償請求を受けることは少ない。一方で，キャラクターを商品化する場合のように，営利的な意図でキャラクターの創作物を利用する際には著作権者の許可が必要になると考えたほうがよい。

## (3)　求人サイト

　例えば，企業が個人の能力をみて人材を探すためのシステムを提供する求職人材のマッチングサービスがあるとする。企業が個人と雇用契約を締結することを目的としてマッチングサービスを提供する場合には，職業安定法上の「職業紹介」に当たり，これを有料で行う場合には，厚生労働大臣の許可が必要になる（職業安定法30条1項）。そこで，自社のサービスが「職業紹介」に該当するかが問題となる。

　この「職業紹介」に該当するかは，ホームページ上で求人情報または求職者情報を閲覧可能にするだけでなく，あらかじめ明示的に設定された客観的な検索条件に基づくことなく情報提供事業者の判断により選別・加工を行うこと，情報提供事業者から求職者に対する求人情報に係る連絡または求人者に対する求職者情報に係る連絡を行うこと，求職者と求人者との間の意思疎通を情報提供事業者のホームページを介して中継する場合に，当該意思疎通のための通信の内容に加工を行うこと，のいずれかに該当する場合には，「職業紹介」に当たると判断される（厚生労働省ホームページ「民間企業が行うインターネットによる求人情報・求職者情報提供と職業紹介との区分に関する基準について」）。

　「職業紹介」に該当する場合には，職業紹介事業者は，求職者に対し，従事

する業務の内容，賃金，労働時間およびその他の労働条件を明示しなければならない（職業安定法5条の3第1項）ことにも注意が必要である。実際に個人と企業がマッチングして，雇用契約を締結した場合には，企業は労務管理を行わなければならないからである。マッチングサービスのみを提供する企業は，サービスを利用する企業に対して，このような対応をとるように伝えたうえで，利用規約上は，雇用関係間のトラブルについては責任を負わない旨を明示することが必要である。

　個人と企業が業務委託契約を締結する場合には，企業側には私的独占の禁止及び公正取引の確保に関する法律（以下，「独占禁止法」という）上の優越的地位の濫用規制や，下請代金支払遅延等防止法（以下，「下請法」という）が適用された場合のリスクにも留意する必要がある。また，業務委託契約を締結する募集企業と求職者との間ではなく，マッチングサービス提供企業と求職者との間においても独占禁止法上の優越的地位の濫用の規制が問題になることがある。例えば，マッチングサービスを提供する企業としては，自己が提供するサービスの利用規約を変更することにより，求職者から支払われる手数料を引き上げる場合や，求職者に対し，新しいサービスの利用を義務化してその利用手数料を設定する場合，募集企業から求職者に支払われる報酬が減る場合などにおいては，正常な商慣習に照らして不当に不利益を与えるといわれ，優越的地位の濫用（独占禁止法2条9項5号ハ）として問題となりうる場合がある。

## (4) サイト内ポイント

　特定のサイトにおいてサービスを提供するビジネスを行う場合に，そのサイトのみで利用できるポイントをユーザーに発行してサービスを提供する場合がある（ここでいうポイントとは，対価を支払って取得するポイントをいい，懸賞としてのポイントは含まれない）。このようなポイントの利用は，資金決済法上の「前払式支払手段」に該当し，規制を受ける可能性がある。

　資金決済法上の規制の対象となる場合とは，ポイント発行の際に，ユーザーからポイントの代金として対価を受け取って発行したものであり，ポイントの

有効期限が発行日から6カ月を超えていて、基準日[3]時点での未使用残高が1,000万円を超える場合である。

「前払式支払手段」には、当該ポイントがポイント発行者以外との間の弁済にも使用できるか否かにより2種類に分類される。サイト内のポイントのように当該ポイントがポイント発行者との間でのみ支払方法として使用できる場合は「自家型前払式支払手段」といい、発行者は内閣総理大臣への届出が必要である（資金決済法5条）。一方、Suica などのように当該ポイントがポイント発行者以外の者に対しての支払方法としても使用できる場合は「第三者型前払式支払手段」といい、発行者は内閣総理大臣の登録を受ける必要がある（同法7条）。

【図表2－5】　前払式支払手段の類型

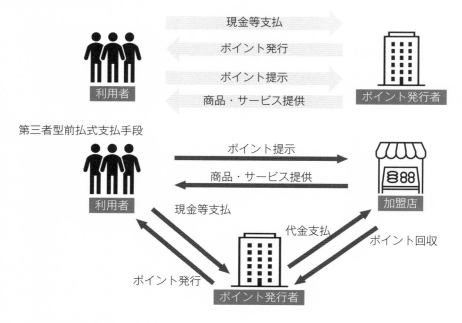

自家型前払式支払手段

第三者型前払式支払手段

---

3　毎年3月31日，9月30日（資金決済法3条2項柱書）

　ポイントの利用による資金決済法の規制には，情報の提供義務と発行保証金の供託がある。情報の提供が必要な事項としては，概ね次の事項である。

---

① 　発行者の氏名，商号または名称
② 　前払式支払手段の支払可能金額等
③ 　使用期間または使用期限が設けられている場合は，その期間または期限
④ 　利用者からの苦情または相談を受ける窓口の所在地および連絡先（電話番号等）
⑤ 　使用することができる施設または場所の範囲
⑥ 　利用上の必要な注意
⑦ 　電磁的方法により金額等を記録している場合には未使用残高または当該未使用残高を知る方法
⑧ 　約款等が存する場合には，当該約款等の存する旨

---

　前払式支払手段の発行者は，上記事項を前払式支払手段に表示する方法または発行者のホームページ等で閲覧に供する方法等により，利用者に対し情報提供をしなければならない（資金決済法13条１項および前払式支払手段に関する内閣府令22条２項）。また，これらの情報提供事項については，前払式支払手段の購入者等が読みやすく，理解しやすいような用語により，正確に表示する必要がある。

　発行保証金の供託義務は，基準日におけるポイントの未使用残高が1,000万円を超えた場合に課されるものである。前払式支払手段の発行者は，発行するポイントの未使用残高が，1,000万円を超えた日の翌日から２カ月以内に（前払式支払手段に関する内閣府令24条１項），その未使用残高の２分の１以上の額に相当する額を最寄りの供託所（法務局）に供託する必要がある（資金決済法14条１項）。ただし，金融機関等との間で発行保証金保全契約を締結し，その旨を内閣総理大臣に届け出たとき（同法15条），または信託会社との間で発行保証金信託契約を締結し，内閣総理大臣承認を受け信託財産を信託しその旨を内閣総理大臣に届け出たときは（同法16条），発行保証金の供託に替えることができる。

## (5)　ゲーム大会やクイズ大会の主催

　参加者から参加料を徴収してゲーム大会やクイズ大会を主催する場合には，その内容が技術の巧拙のみならず，偶然の事情の影響を受ける可能性がある場合には，刑法上の「賭博」に該当する。

　「賭博」とは，偶然の勝敗により財物等の得喪を争い，財物や財産上の利益を賭けることをいう。そのため，財物や財産上の利益を賭けているといわれないようにするため，参加者から徴収する参加料を原資に賞金を支払わないように区別しなければならない。参加料についてはイベント主催のためのコストに利用し，賞金についてはスポンサーから援助してもらうなど，明確に区分する必要がある。

　また，イベントの賞金が不当景品類及び不当表示防止法（以下，「景品表示法」という）に規定する「景品類」に該当する場合には，その金額は法律上の上限内である必要がある。景品表示法上の「景品類」とは，①顧客を誘引するための手段として，②事業者が自己の供給する商品・サービスの取引に付随して提供する，③物品，金銭その他の経済上の利益をいう（同法2条3項参照）。

　賞金であれば，このうち①と③の要件を満たすが，②を満たすかどうかは，イベントの主催者が誰になるかによることになる。例えば，ゲーム大会を開催する際に，大会で使用するゲームの販売会社がイベントを主催している場合には，ゲームを購入して練習することによって大会で勝ち上がり，賞金を手に入れることになると，②自己の供給する商品の取引に付随して提供していることになり，賞金が「景品類」にあたる可能性がある。一方で，クイズ大会のように主催者の供給している商品・サービスの取引に付随して提供するものに該当することが想定できない場合には，賞金は「景品類」に該当しないことになる。このように，②の要件については，イベントの内容と主催者との関係を確認することが必要になる。

　なお，③取引の相手方に提供する経済上の利益であっても，仕事の報酬と認められる金品の提供は，景品類の提供に当たらない（昭和52年4月1日消費者庁事務局長通達第7号「景品類等の指定の告示の運用基準について」）。

　この点について，一般社団法人日本 e スポーツ連合による，消費者庁に対するノーアクションレター制度における回答書（令和元年 9 月 3 日付消表対620号法令適用事前確認手続回答通知書）においては，大会参加者をプロライセンス付与者などに限定し，その者の技術などの披露によって興行性が向上する場合には，賞金は仕事の報酬等に該当する旨，回答を受けている。海外で開催されているような大規模な e スポーツの大会が日本でも開催されることは可能になりつつある。

## (6)　ヘルスケアサービス

　ヘルスケア関連のサービスとして，健康増進の目的でストレッチの授業を提供しようとしたり，トレーニング方法を紹介する事業を始めようしたりした場合には，どのような規制に気をつける必要があるか。

　ストレッチやトレーニングの方法を紹介する事業を始めようとした場合に，このように紹介する行為が医師法に反するかが問題になる。

　この点，医師法17条においては，「医師でなければ，医業をなしてはならない。」と規定しており，この「医業」とは，「当該行為を行うに当たり，医師の医学的判断及び技術をもってするのでなければ人体に危害を及ぼし，又は危害を及ぼすおそれのある行為（医行為）を，反復継続する意思をもって行うこと」と解されている（平成17年 7 月26日，医政発第0726005号厚生労働省医政局長通知「医師法第17条，歯科医師法第17条及び保健師助産師看護師法第31条の解釈について（通知）」参照）。そのため，上記のようなビジネスを行う場合には，医業に該当しない範囲で，サービスを提供する必要がある。例えば，医師の指導・助言なしに傷病や障害を有する者を対象としたストレッチやトレーニングに関する指導をしてはならず，傷病や障害を有する者を対象にしたストレッチやトレーニングに関する指導を行う場合には，医師からの指導・助言に従いその範囲内で行う必要がある。

## (7) ヘルスケア商品

　サプリメントや健康器具などを製造して，インターネットなどで販売するサービスを始めようとする場合や，アプリで体調の情報を管理し，健康に関する情報をユーザーに送るようなプログラムを開発，販売するとした場合には，どのような規制を確認する必要があるか。

　「医薬品」や「医療器具」を製造販売するビジネスを行う際には，医薬品，医療機器等の品質，有効性及び安全性の確保等に関する法律（いわゆる「薬機法」）の規制が問題になる。

### ① 医薬品に該当する場合

　販売する商品が「医薬品」に該当すると，品目ごとに厚生労働大臣の承認（薬機法14条1項）や品質管理や販売後の安全管理のための製造販売業の許可（同法23条の２第1項）も必要になる。

　この点に関して，薬機法上の「医薬品」とは，①日本薬局方に収められている物，②人または動物の疾病の診断，治療又は予防に使用されることが目的とされている物であって，機械器具等（機械器具，歯科材料，医療用品，衛生用品並びにプログラム（電子計算機に対する指令であって，①の結果を得ることができるように組み合わされたものをいう。以下同じ）およびこれを記録した記録媒体をいう。以下同じ）でないもの（医薬部外品および再生医療等製品を除く），③人または動物の身体の構造または機能に影響を及ぼすことが目的とされている物であって，機械器具等でないもの（医薬部外品，化粧品および再生医療等製品を除く）のいずれかを指す（薬機法２条１項）。

　医薬品を規制する趣旨は，国民が適切な医療行為を受ける機会を失うことを防ぐ点にある。そのため，医薬品に該当するかは，医薬品としての目的を有しているか，または通常人が医薬品としての目的を有するものであると認識するかどうかにより判断される（昭和46年６月１日，薬発第476号厚生省薬務局長通知「無承認無許可医薬品の指導取締りについて」（医薬品の範囲に関する基準））。例えば，医薬品的な効能効果を有する原材料が配合または含有されてい

なくても，医薬品的な効能効果を謳っている場合や，用法用量が医薬品的であるものについては，原則として医薬品とみなされている。医薬品的な効能効果を謳っている場合とは，疾病の治療または予防を目的とする効能効果，身体の組織機能の一般的増強，増進を主たる目的とする効能効果，医薬品的な効能効果の暗示を表示するものである。

### ②　「医療機器」に該当する場合

　また，薬機法上の「医療機器」に該当する製品を販売する場合には，その製品のリスクに応じた分類によって厚生労働大臣の承認が必要になる（薬機法23条の2の5）。また，「医薬品」と同様に製造販売業として，厚生労働大臣の許可が必要であり，リスクの低い順で一般医療機器，管理医療機器，高度管理医療機器と分類され，それぞれ異なる許可が必要になる（同法23条の2）。

　薬機法上の「医療機器」とは，「人若しくは動物の疾病の診断，治療若しくは予防に使用されること，又は人若しくは動物の身体の構造若しくは機能に影響を及ぼすことが目的とされている機械器具等（再生医療等製品を除く。）であつて，政令で定めるものをいう」（同法2条4号）。ここでいう，「機械器具等」にはプログラムも含まれ，「この政令で定めるもの」とは，端的にいえば病院で使ったり，一般的に医療行為のために使ったりする器具をいう。

　プログラムの医療機器への該当性は，診断，治療等にどの程度寄与（影響）があるか，不具合があった場合の人の生命や健康に影響を与えるおそれを含めた総合的なリスクの蓋然性がどの程度あるかによって判断するとされている（平成26年11月14日，薬食監麻発1114第5号厚生労働省医薬食品局監視指導・麻薬対策課長通知「プログラムの医療機器への該当性に関する基本的な考え方について」）。そのため，医師の診断のために必要なデータを加工するようなプログラムとは，診断に直接必要なプログラムであり，医療機器に該当する可能性がある。一方で，個人の身体情報に基づき健康増進目的での食事メニューを提供するようなプログラムは，医療機器に該当しない。

　以上のように，医師に対して医療行為のために使用することを目的として開

発，販売するものであれば，医療機器に該当することになるが，個人が健康管理目的で使用することを想定されている商品は，医療機器に該当しないと考えられる。

## (8)　コンサルティングサービス

　法律問題に関してコンサルティングを行うビジネスを行う場合には，どのような法的規制が問題になるのか。

　報酬を得て法律に関してアドバイスをすることになると，弁護士法72条で定められた非弁行為（弁護士以外の者による法律に関する業務）に該当する可能性がある。

　紛争が生じた場合の交渉や仲介を，報酬をもらって行うことも弁護士法72条に違反する可能性があるため，注意が必要である。紛争が発生したということは，通常何らかの法的な問題が関連しているケースがほとんどであり，そのような法的紛争を解決するのは弁護士の役割である。例えば，不動産取引の仲介に際して，売主の依頼により売買物件の居住者との立退き交渉だけでなく，貸金問題解決等のコンサルティングを行った仲介業者報酬を受け取っていた場合，当該業務は弁護士法72条に違反し不法行為にあたるとした事例がある。

　ビジネスの場面において，法律に関してアドバイスを行ったり，交渉をしたりすることは，弁護士法に違反することがあるので注意が必要である。

## (9)　ウェブスクレイピング，API の利用

　動画サイトにアップロードされている動画をまとめサイトを作って紹介したり，SNS 上に上がっている写真をサイト上で加工，編集するシステムを提供したりする際に注意すべき法令について解説する。

　「（ウェブ）スクレイピング」とは，ウェブサイトから情報を取得，収集するコンピュータソフトウェア技術のことをいう。また，「API」とは，データリクエストを Web サーバーに送信して対象データを取得するための技術をいう。サイトを運営するビジネスで，インターネット上の情報を取得することがある，

まとめサイト，情報検索サイトなどウェブ上の動画や画像を利用したサービスを提供する場合には，著作権法，動画や画像を提供するサイトの利用規約，刑法，個人情報保護法など事前の確認が必要な法的規制がある。

　著作権は，前記のとおり，著作物を創作した者に帰属する権利であり，スクレイピングしたり，APIにより取得する情報に他人の創作物が含まれていたりする場合には，その創作物の著作権者から同意が必要になる。

　著作権法では，著作権者の同意が不要な場合をいくつか定めている。まとめサイトの場合には，著作物そのものをコピーすることは不要であることが多く，情報の引用にとどまる場合には，引用先を明示し，報道，批評，研究その他の引用の目的上正当な範囲内であれば行うことができる。

　また，Googleなどの検索サービスによる検索結果において，著作物の一部を載せたりすることは，著作権者の同意なく行うことができる（著作権法47条の5第1項1号）。

　さらに，情報を解析したうえで，その結果を提供するというサービスについても，著作権者の同意なく行うことができる（著作権法47条の5第1項2号）。ここでいう「情報解析」とは，大量の情報から言語，音，映像等を抽出し，比較，分類等の統計的な解析を行うことをいう。この解析行為によって，元情報である著作物とは別の価値を付与したと理解できるからである。

　著作権法47条の5第1項においては，「当該行為を政令で定める基準に従って行う者」に限って，著作物を利用できるとしているが，この「基準」には，学識経験者への相談など必要な取り組みを行うことが必要とされており，同法の違反については，弁護士などへの相談を行うことが必要になろう。

　次に，元のデータが搭載されているウェブサービスの利用規約の問題がある。ウェブ上にある著作物や情報データを取得する際には，そのウェブページやインターネットを利用するサービスの利用規約を確認する必要がある。

　利用規約においては，ウェブページ上にある創作物の著作権の帰属について定められているのが一般的である。利用規約上，著作権者から同意を得る必要がある場合には，著作権者から同意を得るように注意する必要がある。

　また，一定のウェブサイトから情報をスクレイピングすることで，そのサイトにアクセスが集中することがあり，その結果，そのサイトのサーバーがダウンしたり，接続不良を起こしたりするなどして，機能への不当な影響を与えた場合には，刑法上の偽計業務妨害罪が成立する可能性がある。

　この点について，どの程度のアクセスであったら，偽計業務妨害にあたるかという基準があるわけではない。相手方サイトへの接続ができなくなったり，接続が困難になったりするような事情があるかどうかで判断すべきであり，他のユーザーの利用に影響がない程度であれば，可能であると考えられる。

　そのほかにも，スクレイピングや，API により得られる情報データの中に個人情報が含まれることがある。その場合には，その情報の主体であるユーザーに対し，情報利用の目的の公表が必要になることは，前記(1)で述べたとおりである。

## 6　Q&A

# Q1

外国の法令は，どのように調査するべきでしょうか。

**A**　外国の法令に関して正確な情報を得るためには，インターネットを利用して海外政府や行政機関のホームページを調べることが一般的である。また，日本の企業にも適用がある法令であれば，日本語でのホームページにも解説があることが多い。

　日本語のホームページとして，日本の行政機関のホームページにも法令の原文やその翻訳を見ることができる。例えば，個人情報に関する EU の一般データ保護規則（GDPR）やカリフォルニア州消費者プライバシー法（CCPA）は，このような地域で個人情報を取得することが多く，日本企業にも影響が大きいため，日本の個人情報保護委員会のホームページで法令の原文やその翻訳が記

載されている。

　しかし，同じ個人情報保護法であっても，例えば東南アジア圏の法令などについては，日本語のホームページの解説も少ない。

　また，海外政府や行政機関のホームページにどのくらいの法令が掲載されているかは国による。法令の原文自体にそもそもアクセスすることが難しい場合がある。ルールがあるという程度の情報しか入らず原文を直接確認できないので，正確な情報を確認するのは困難である。現状において日本で利用できる法令検索システムであっても，海外の法令に対応していないものがほとんどであり，対応していても原文そのものではなく，弁護士の解説を検索できるだけのものが多いため，不十分な調査に終わることが多い。

　そこで，海外の法令については社内での調査は難しく，弁護士に相談すべきである。ただし，海外の法令についての調査は，日本国内の弁護士であっても，海外の弁護士に外注したり，調査の過程で翻訳家に翻訳を依頼したりして，稼働する人数も多く，時間もかかるため，弁護士報酬は高額になる。

　場合によっては，個別に外国法の弁護士資格をもった現地の弁護士を紹介され，直接相談することも考えられる。しかし，そのような弁護士に直接相談するのは，言語や文化の違いがあり，質問の意図がなかなか伝わらず，徒労に終わることも多い。

　したがって，まずは国内でその法分野を専門にしている弁護士に相談して，その弁護士を介して調査することが適切であると考える。

## **Q** 2

グレーゾーン解消制度の照会書を作成するうえで，どのような点に注意すべきでしょうか。

**A**　グレーゾーン解消制度の照会書においては，①新事業活動およびこれに関連する事業活動の目標（事業目標の要約，生産性の向上または新たな需要の

獲得の見込み），②新事業活動およびこれに関連する事業活動の内容（事業概要，事業実施主体，新事業計画を実施する場所など），③新事業活動およびこれに関連する事業活動の実施時期，④解釈および適用の有無の確認を求める法令等の条項，⑤具体的な確認事項，⑥その他を記載する必要があるとされている。

　①のうち，「生産性の向上または新たな需要の獲得の見込み」については，当該ビジネスが「新商品の開発または生産」，「新たな役務の開発または提供」，「商品の新たな生産または販売の方式の導入」，「役務の新たな提供の方式の導入」のいずれに該当するかを説明しつつ，それがいかに生産性を向上させるのか，あるいは，新たな需要を獲得することにつながるのかという点を，できる限り具体的に記載する。

　②については，上記の各事項を具体的に記載すべきであるが，当該ビジネスにおいてどのように収益が上がるか，ビジネスの流れを記載したほうが理解を得られやすいと考える。

　③については，当該ビジネスの開始やその後の計画についてスケジュールを記載すべきである。

　④については，法令の条文や文言をできる限り特定し，「○○という文言に該当するか」という形で記載すべきである。照会のない法令について回答が得られない点に注意すべきである。

　⑤については，「○○法に基づき○○が規制の対象となっているかどうかが明らかでないため，○○法に基づく許可を受けなくても，新事業活動において，○○を行うことができるのか確認したい」という形で記載されるのが望ましいとされている[4]。

　グレーゾーン解消制度の活用実績として，各省庁のホームページで照会内容の概要を見ることができるので，照会書を作成するにあたって確認されたい。

---

4　経済産業省ホームページ「産業競争力強化法「企業実証特例制度」および「グレーゾーン解消制度」の利用の手引き」参照

# 第 3 章

# 組織の動かし方
## ～会社法という法律

　本章では，主に会社法の規定に則った，会社という組織の作り方，動かし方について説明する。

　事業を行うために便利な「箱」として，「会社」が存在する。企業を経営したいと考えた場合，この箱に人とお金を集めて，いわばフィクションとも言うべき会社という箱に人格を付与し，事業を行うこととなる。

　会社運営においては様々なルールが存在し，主に，「会社法」という法律がそれらを規定する。具体的には，会社設立のための方法，お金を集めるために必要な手順，会社における機関設計，意思決定の方法など，会社法によって規定されるルールは多岐にわたる。

　また，多くの場合，特に資金調達に伴う経営判断は，一度行ってしまったら後から変更することは極めて困難である。会社が存在している中で事業を行う場合に限らず，利害関係者がお金を出し合って新しい会社を作って事業を行うような場合には，固有の留意事項が生まれる。

# 1 株式会社とは ～会社法と株式会社との関係

## (1) 株式会社はなぜ設立できるか

　会社は法人であるから（会社法3条），会社自体が契約の主体になったり，会社自身に権利義務を帰属させることができる。例えば，あなたが家電量販店からパソコンを購入する場合，あなたを買主，家電量販店を売主として，売買契約を締結する必要がある。しかし，あなたが会社の代表取締役として家電量販店からパソコンを購入する場合，会社という法人を買主，家電量販店を売主として，売買契約を締結でき，購入したパソコンの所有権は会社自身とすることができる。このことが，会社が法人格を有している，という意味である。

　このように，会社はそれ自体が大変便利なものである。また，現在では株式会社は社会的に非常に有用な存在であり，特に上場企業などの大企業は，現在の日本経済には必要不可欠な存在である。

　また，資産形成をしたい者にとっても，株式会社はとても有用な存在である。株式会社が成長して企業価値が増加すれば，会社の株式の時価も増加する。特に株式上場を行えば，その株式会社の株式は市場で売買できるようになり，客観的な価値（株価）がつくことで，その株式を大量に有する創業者株主は文字通り億万長者になることができる。

　このような株式会社は，会社法という法律を根拠に設立できる。会社法1条と2条には，以下のように規定されている。

---

第1条
　　会社の設立，組織，運営及び管理については，他の法律に特別の定めがある場合を除くほか，この法律の定めるところによる。
第2条
　　この法律において，次の各号に掲げる用語の意義は，当該各号に定めるところによる。
　一　会社　株式会社，合名会社，合資会社又は合同会社をいう。

---

　1条にあるように，「会社の設立，組織，運営および管理」は会社法に定めるところによるとされている。また，2条では，会社とは「株式会社，合名会社，合資会社又は合同会社をいう。」とされている。

　つまり，株式会社を設立するためには，会社法に定めるとおりの手続を踏まなければならない。また，組織，運営および管理についても，会社法の規定に従うことが規定されている。

　したがって，株式会社を設立して，かつ株式会社の，運営および管理を行っていくには，会社法に従う必要がある，ということである。

　会社法は株式会社以外にも，合名会社，合資会社および合同会社についてのルールも規定している。とはいえ，株式会社の形態で起業したい創業者株主は，とりあえず会社法第2編「株式会社」の項目に従えばいい，というところである。なお，会社法第2編「株式会社」は，以下のような目次となっている（括弧書きは著者）。

---

第1章　設立（会社を作るためのルール）
第2章　株式（株式を発行するためのルール）
第3章　新株予約権（ストックオプション等を発行するためのルール）
第4章　機関（株主総会，取締役会，取締役，監査役などが守るべきルール）
第5章　計算等（会計帳簿や決算報告書の作成のためのルール）
第6章　定款の変更（会社の定款を変更するためのルール）
第7章　事業の譲渡等（M&Aの手法の1つである事業譲渡を行うためのルール）
第8章　解散（株式会社を閉めるときのルール）
第9章　清算（株式会社を閉めて株主に財産を分配するときのルール）

---

　その他，例えば第5編には「組織変更，合併，会社分割，株式交換，株式移転および株式交付」（事業譲渡以外のM&Aの手法に関するルール）が規定されている。

## (2) 会社法以外に株式会社が守らなければいけないルール

　会社法以外にも，株式会社が守らなければいけないルールはたくさんある。例えば，株式会社は事業運営のために様々な取引を行うが，取引の際には契約を結ぶ必要がある。契約を結ぶ際には，民法や商法が適用される。また，顧客が一般私人である事業（いわゆる toC の事業）では，消費者契約法や特定商取引法が適用されるし，下請け企業に業務を発注する場合は下請法の適用がある。さらに，扱う商材や事業の性質によっては，様々な特別法を遵守する必要がある。例えば異性間のマッチングプラットフォームを運営する事業であれば，いわゆる出会い系サイト規制法を遵守する必要があるし，プラットフォームにクローズドのチャット機能を実装する場合には，電気通信事業法を遵守する必要がある。

　このように，株式会社を設立し，運営していくには，会社法をはじめ，様々な法律の規制に服する必要がある。特にスタートアップでは，既存の枠組みに囚われない事業が多く，そもそも自社のビジネスにはどの法律が適用されるかがわからない，といったケースも多い。スタートアップの中には，本来は法律の定めにより届出や許認可を行う必要があったにも関わらず，届出等を失念し，後に行政から注意や罰則を受ける会社も散見される。

　そのため，今までにないようなビジネスを考えている場合，このようなことにならないように，事業を開始する前に弁護士に相談することを強くお勧めする（第2章23頁参照）。

## (3) 株式会社ではなく合同会社を設立するメリット

　前記のように，会社法2条1項において，会社とは「株式会社，合名会社，合資会社又は合同会社をいう。」と規定されている。この点，最近のスタートアップの中には，株式会社ではなく合同会社として設立される会社も散見される。

　合同会社とは，株式会社と同様に，有限責任の出資者のみで構成される会社である。英語では LLC（Limited Liability Company）という。株式会社のエ

クイティの出資者を株主というのに対し，合同会社のエクイティの出資者を社
員という（一般的に使われる「従業員としての社員」の意味とは異なる）。合
同会社と株式会社の共通点は，前記のように，株主も社員も有限責任であると
いうことである。有限責任とは簡単にいえば，会社が倒産しても出資した額が
返ってこないだけであり，出資した額以上の損失を負わない（責任が有限）と
いうことである（とはいえ，スタートアップが借入を行う場合は，創業者株主
が金融機関に対して会社と連帯責任を負うことが多く，必ずしも有限責任が機
能しない場合もある）。

　合同会社のメリットとデメリットはいろいろあるが，特に以下の点が挙げら
れる。

## ■　合同会社のメリット

①株式会社に比べて設立手続が簡易であり，設立のためにかかる費用が安価で
　すむ（収入印紙代・登録免許税を含め，株式会社が20〜25万円程であるのに
　対し，合同会社は6〜10万円程）。
②合同会社は株式会社に比べ，会社法の中で適用される条項が少ないため，柔
　軟な組織設計やルール設定ができる（出資比率に関係なく利益配分が可能，
　役員の任期がない，決算公告の義務がない，定款内容の自由度が高い等）。

## ■　合同会社のデメリット

①信用度が低いと思われてしまうことがある。例えば，出資金額次第では株式
　会社と同様もしくはそれ以上の財産的基盤があるのにも関わらず，社会一般
　に「株式会社より下」だと思われる場合もある（とはいえ，最近は世界的大
　企業であるGoogleやAppleの日本法人が合同会社の形態であり，社会的認
　知も昔よりは広まってきたと思われる）。
②株式制度を利用できない。資金調達を行う際に，株式会社であれば株式を発
　行することで，経営に関与しない会社外部の者（エンジェル投資家，ベン
　チャーキャピタル等）からも資金調達を受けることができるが，合同会社は

社員が経営を行う必要があるため，基本的に会社外部の者から資金調達を受けられない。また，合同会社は株式制度が使えないため，ストックオプション制度も導入できない。

③IPO（新規株式公開）ができない。株式制度がないため当然ではあるが，創業経営者にとってIPOを目標にできない，というのはモチベーションに影響を及ぼす場合がある。

以下に，株式会社と合同会社の違いをまとめた。

**【株式会社と合同会社の違い】**

| 項　目 | 株式会社 | 合同会社 |
|---|---|---|
| 設立費用 | 20〜25万円程 | 6〜10万円程 |
| 出資者 | 株主 | 社員 |
| 利益の配分 | 株式数に応じて配当 | 社員の合意で自由にできる |
| 役員の任期 | 最長10年 | 任期なし |
| 代表者の名称 | 代表取締役 | 代表社員 |
| 決算公告 | 必要 | 不要 |
| 定款 | 認証必要 | 認証不要 |
| 社会的評価 | 信用がある | 場合によっては信用が低い |
| 外部からの資金調達 | 可能 | 困難もしくは不可能 |
| ストックオプション制度 | 導入可 | 導入不可 |
| IPO | 可能 | 不可能 |

　もっとも，会社法の組織変更規定（会社法743条）により，スタートアップが自社を合同会社として設立しても，途中で株式会社に変更することが可能である。そのため，設立時には手続が簡易であり費用も抑えられる合同会社の形態で事業を開始し，会社が軌道に乗ってきたら株式会社に組織変更を行う，ということも可能である。

　なお，前記の会社法2条1項で規定されているように，会社には他にも合名会社と合資会社があるが，合名会社は出資者の全員，合資会社は出資者の一部

が無限責任（出資した額の範囲を超えてまで責任を負うこと）を負うため，スタートアップではほとんど採用されない。

### (4)　個人事業主として事業を行う場合

また，そもそも会社を設立せず，個人事業主として事業を行う，というケースも考えられる。個人事業主であれば，当然に会社法の適用がなく，前記の会社設立費用などはかからないが，すべての権利や義務が個人に帰属すること，当然に個人がすべての責任を負うため無限責任であること，所得額に応じては会社形態よりも税金が多く発生すること（個人であれば累進課税となり所得税率が最大45％の税率が適用されるが，会社であれば15～23.20％の法人税率が適用される）から，事業規模が大きくなる場合は，会社形態の方が有利，といえるだろう。

## 2　成長フェーズごとに問題となる会社法の規制
### ～成長フェーズの区分について

株式会社は制度上，設立された後は倒産や解散がない限り，永遠に存続していくことを前提としている。これを継続企業の前提（ゴーイング・コンサーン）という（なお，会社の財務諸表や計算書類の貸借対照表や損益計算書において，評価方法に取得原価主義や発生主義が採用されているのは，継続企業の前提があるためである。つまり，株式会社が永遠に存続することを前提としているため，取得原価主義の採用により減価償却において各期に費用配分されるのであり，また発生主義の採用により現金収入と必ずしも一致しない収益・費用を各期の業績指標としているのである）。

話を戻すと，株式会社は会社法の設立手続により誕生し，利益を上げ，それを再投資し，さらに大きな利益を上げ，会社を成長させていく組織である。場合によっては，借入として融資を受けることや株式の発行による資金調達を行うこともある。また，株式会社がIPOを果たし，上場企業としてさらに大企

業へと発展する会社もあれば，ある程度の規模になった段階で創業者株主が自らの有する株式を第三者に売却（M&A）して，創業者株主が経営者から退く場合もある。スタートアップ業界では，創業者株主がIPOをすることや，M&Aにより株式を売却することをイグジット（EXIT）という。イグジットとは「出口」という意味であるが，要は，IPOやM&Aにより，創業者株主はそのときの時価で株式を売却することができ，ようやくこれまでの成果として，多額の報酬を手にできることになる。そのため，イグジットは創業者株主にとっての出口となる，ということである。

　スタートアップでは，まずは経営者株主がイグジットすることを目標にして会社経営されることが多いため，ここからはスタートアップがイグジットに向けてたどる成長フェーズごとに，問題になる会社法やその他の法律のルールについて述べる。なお，スタートアップ業界では，成長フェーズごとにシード期，アーリー期，ミドル期，レイター期（さらにシード期の前をプレシード期），と分類されているため，本書でもこれに従う。とはいえ，各期の定義や段階も明確なものはなく，かつ，時と場合によりまちまちであったりするので，本書では各期をそれぞれの説明箇所で述べるような基準で扱うものとする。

　もっとも，各成長フェーズはあくまで目安かつ一般論であり，現実には会社設立前にすでにプロダクトを完成させている場合もあるし，会社設立から2年6カ月でIPOを果たすような会社もあることにつきご留意いただきたい。

　各ステージで問題になる法律問題を概観すると，【図表3－1】のとおりである。

【図表３−１】　各ステージで問題となる法律問題

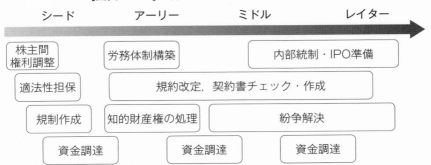

## 3　プレシード期からシード期前半の法律問題

### (1)　発生するイベントと法律的に問題になる点

　まず，プレシード期，シード期前半として設立前から設立後２年くらいの段階について解説する。具体的には，創業者がビジネスアイデアを閃めき，起業することを決意してから，実際に会社を設立し，プロダクトの開発を開始するような段階である。また，設立後半年から１年くらいには，プロダクトも徐々に完成に近づいており，設立後１年にはプロダクトの正式ローンチも完了しているような段階でもある。

　この段階で問題になる会社法のルールは，まずは何よりも設立手続である。そして，何人かの共同創業者と共に起業する場合は，持株比率の問題や，創業株主間契約の締結の問題がある。また，場合によっては，応援してくれるエンジェル投資家から資金調達を受けることができることもある。

　以下，プレシード期からシード期前半に行われる株式会社に関連するイベントと，法的に問題となる点を述べる。

### (2)　設立手続の流れ

　設立手続は，会社法25条以下の「第１章　設立」に規定されたルールに従っ

て行う必要がある。当該ルールに定められた会社設立のために必要になる手続は大きく分けて，①定款を作成し，公証役場で認証を受ける，②創業者株主による株式会社への出資を履行する，③法務局で設立登記を行う，の3つである。

## (3) 定款の作成と公証役場での認証

　定款とは，会社の組織・活動に関するルールを記載したものである。株式会社は会社法に従って事業運営する必要があるが，定款において各会社の独自のルールをある程度自由に定めることができる（定款自治）。例えば，会社の機関設計として取締役会を置くか置かないかは会社が自由に定めることができるし，自社の株式を自由に第三者に譲渡することの可否について（譲渡制限の有無），各株式会社が自由に決めることができる。

　とはいえ，スタートアップの場合，定款の内容についてはある程度の正解のような形がある。また，会社設立の際に作成した定款（原資定款）を後に変更することもできるが，そのためには，株主総会を開催し，株主の議決権の過半数を有する株主が出席し，出席した株主の議決権の3分の2以上にあたる賛成を得るという特別決議が必要になる。例えば，設立時の会社の機関設計については，スピード感のある迅速な意思決定を行えるように，株主総会と取締役のみのシンプルな機関設計にしておき，開催に手間がかかる取締役会を設置しないケースが多いが，会社がある程度成長したら，ガバナンスを強化するために取締役会を設置する，という場合もある。なお，株式の譲渡制限を設けることは，例えば創業者株主の誰かが金銭に困り，経営に望ましくない者に株式を売却すること等を防止するために，スタートアップでは必要不可欠な規定である。

　その他，定款で定める主な事項は，【図表3－2】のとおりである。

【図表3－2】 定款記載事項

| 定款記載事項 | その内容 |
|---|---|
| 商号 | 会社名のこと |
| 目的 | どのような事業を行うか |
| 本店所在地 | 会社の住所 |
| 発行可能株式総数 | 設立時に発行する株式を含めて，会社があと何株発行できるか |
| 株式の譲渡制限の有無 | 株式を第三者に売却する際に会社の承認がいるか |
| 会社の機関設計 | 取締役会を設置するか否か，監査役を設置するか否か等 |
| 会社の設立に際して出資される財産の価額及び資本金の額 | 共同創業者がそれぞれ出資する額 |
| 発起人の氏名，住所 | 発起人（設立時株主のこと）の住所，氏名 |

　また，株式会社の機関設計については，【図表3－3】のようなパターンを選択することができる。

【図表3－3】　機関設計のパターン

| | 非大会社 | 大会社 |
|---|---|---|
| 非公開会社 | 取締役のみ | 取締役・監査役・会計監査人 |
| | 取締役・監査役 | 取締役会・監査役・会計監査人 |
| | 取締役・監査役・会計監査人 | 取締役会・監査役会・会計監査人 |
| | 取締役会・会計参与 | 取締役会・指名委員会等・会計監査人 |
| | 取締役会・監査役 | 取締役会・監査等委員会・会計監査人 |
| | 取締役会・監査役会 | |
| | 取締役会・監査役・会計監査人 | |
| | 取締役会・監査役会・会計監査人 | |
| | 取締役会・指名委員会等・会計監査人 | |
| | 取締役会・監査等委員会・会計監査人 | |
| 公開会社 | 取締役会・監査役 | 取締役会・監査役会・会計監査人 |
| | 取締役会・監査役会 | 取締役会・指名委員会等・会計監査人 |
| | 取締役会・監査役・会計監査人 | 取締役会・監査等委員会・会計監査人 |
| | 取締役会・監査役会・会計監査人 | |
| | 取締役会・指名委員会等・会計監査人 | |
| | 取締役会・監査等委員会・会計監査人 | |

　定款の定めでよく問題になるのは，発行可能株式総数を少なくしすぎるケースである。例えば，設立時に100株を発行している場合，発行可能株式総数を200株にしてしまうと，残り100株しか発行できないことになる。そうすると，外部から資金調達を受ける際に，発行する株式が足りない，ということになり，株主総会の特別決議により発行可能株式総数を増やすという手間がかかってしまう。

　なお，定款のモデルはインターネット上で容易に入手できる。また，日本公証役場のホームページにおいて，株式会社の定款記載例が公開されている。

　さらに，最近ではクラウド経理ソフトなどの会社が，定款作成や会社設立手続をオンライン上で行うことができるサービスも提供しており，このようなサービスを利用すれば，容易に定款の作成や会社設立手続を完了させることができる。

　作成した原資定款は，認証を受けないと，会社設立登記ができない。したがって原資定款は公証役場に提出し，認証を受ける必要がある。

## (4)　創業者株主による株式会社への出資を履行
### ①　「会社の設立に際して出資される財産の価額」の払い込み

　定款の認証が終わったら，各発起人（各創業者株主）は，定款に記載された設立時の発行株式を引き受ける対価として，「会社の設立に際して出資される財産の価額」を払い込む必要がある（会社法34条1項）。なお，会社設立前は，法人銀行預金口座がないので，払込金額は代表取締役となるべき発起人の個人の預金口座に振り込むことになる。会社設立後，法人口座を作り，払い込まれた資金は発起人の個人口座から法人口座に移すことになる。

　各発起人から払い込まれた「会社の設立に際して出資される財産の価額」の合計額が，原則として株式会社の設立時の「資本金」の金額になる。なお，例外的に会社の設立に際して出資される財産の価額の2分の1を超えない額は，資本金として計上しないことができる（会社法445条2項）。つまり，例えば「会社の設立に際して出資される財産の価額」が1,000万円であった場合は，500万円を資本金，500万円を資本準備金とすることができる。

　会社の設立に際して出資される財産の価額2分の1のみを資本金にすることのメリットは，資本金の額を少なくすることで，主に税制上の優遇を受けることにある。例えば，資本金1,000万円未満の株式会社は原則として設立後2年間は消費税の納税が免除になるし，資本金1億円以下の株式会社は，法人税率の優遇措置や，交際費が一定額損金算入されるなどの税務上のメリットがある。実務上は，会社の設立に際して出資される財産の価額の2分の1を資本金，残り2分の1を資本準備金とするケースが多い。

### ②　資本金をいくらにするべきか

　なお，会社設立を検討している者からよくある質問として，資本金等の額をいくらにするべきか，というものがある。

　現行の会社法では，資本金が１円以上であれば会社を設立することができる。なお，2005年までは，旧商法に最低資本金制度があり，最低1,000万円の資本金がなければ，株式会社を設立することができなかった。したがって，2005年までは，現在のように容易に株式会社形態での起業ができなかったのである。

　現在では資本金がごく少額であっても，法律上は何の問題もなく株式会社を作ることができる。もっとも，資本金の額というのは，会社の設立に際して出資される財産の価額，言い換えると会社にいくら財産があるかを示す額であるため，資本金があまりにも少ないと，財産がない会社だと判断され，社会的信用が得られない場合がある。例えば，会社設立時に金融機関から融資を受ける際に，資本金が少ない場合は返済能力を疑問視される場合があり，融資を受けられないケースがある。特に政府系金融機関の創業支援融資では，資本金等がある程度計上されていることが要件になる場合があるため，会社設立の前後で融資を受けたい場合は，事前に要件を調査して資本金を定める必要がある。

　とはいえ，資本金が多すぎると，やはり前記の税務上のメリットを受けることができないため，注意が必要である。実務では，設立時に外部投資家の入っていないスタートアップでは，資本金の金額は概ね100～1,000万円の間が多いと思われる。

## (5)　設立登記の完了

　原始定款を作成し，公証役場での認証を受け，会社の設立に際して出資される財産の価額が払い込まれれば，次は会社最寄りの法務局で設立登記の申請を行うことになる。登記が完了すれば，あなたの株式会社はとりあえず適法に設立されたことになる。

　登記についても，クラウドサービスを利用すれば容易に行うことができるし，法務局のホームページを見れば，登記のために必要な書類や手続を知ることができる。

## (6)　創業株主間契約の締結

　上記の手続で会社法上は株式会社が設立されたことになるが，スタートアップでは共同創業者との間で，創業株主間契約が締結されることが多い。

　創業株主間契約とは，株式会社の設立時の株主である共同創業者との間で，株式の扱いのルールを定める契約をいう。この契約で最も問題となるのは，他の共同創業者が株式会社の経営から離れる時の株式の扱いである。

　例えば，学生時代の親友であった3人の共同創業者で設立したX株式会社の設立時の株式割合が，代表取締役A氏51％，取締役B氏34％，取締役C氏15％だったとしよう。設立時の段階は3人の関係は良好であり，全員がIPOを目指し一枚岩であったとしても，経営方針の対立や，ライフステージの変化により，誰かが取締役を辞めることになった場合，その取締役が有している株式はどのような扱いになるだろうか。

　会社法では，原則として，株主に対し強制的に株式の引渡を要求することができない。したがって，例えば取締役B氏34％が取締役を辞任した場合でも，X株式会社，A氏およびC氏は，B氏に対して，株式の引渡を強制できないのである。特にB氏は34％もの株式割合の株式を保有しているため，取締役退任後も，会社の特別決議（株主の議決権の過半数を有する株主が出席し，出席した株主の議決権の3分の2以上にあたる賛成が必要）についてB氏が反対すれば，会社は重要事項を決定できない，ということになってしまうのである。また，A氏がM&Aをしたいと考える場合でも，B氏が自身の保有する株式の売却につき同意しなければ，事実上M&Aは実行できない。

　このように，創業株主間契約の締結，特に共同創業者が経営から離れる時の株式の扱いを定めることは，スタートアップにとって極めて重要である。したがって，創業経営者の間では，会社設立の前後において，少なくとも以下の点については，最低限合意しておく必要がある。

---

- 共同創業者株主が取締役を辞任した場合や解任になった場合は，当該取締役が有していた株式を他の共同創業者株主（または株式会社自身）が強制的に取得できること。
- 当該取得時の引渡価格（会社設立時に払い込んだ価額または取締役辞任時等の時価等）

---

　なお，共同創業者が取締役を辞任する際，保有する株式を買い取る主体に他の共同創業者株主を含める趣旨は，株式会社自身が株主から株式を買い取る場合（「自己株式の取得」や「自社株買い」などという），会社法の分配可能規制により，会社が自己株式を買い取るための資金に上限があり，株式会社が買主になれない場合があるためである。わかりやすくいうと，会社に十分な財産がない限り，会社が株式の買主になれない，ということである。したがって，会社に残る共同創業者が買主となれるように規定するのである。

　しかし，実務上，共同創業者複数で起業したにもかかわらず，創業株主間契約を締結していないケースが散見される。創業株主間契約は，設立後しばらく時間が経過した後でも締結することが可能であるため，もしあなたが他の共同創業者と創業株主間契約を締結していなければ，すぐに締結されることをお勧めする。フォーマットはインターネット上で容易に見つかるが，しっかりとした内容のある契約を締結したければ，弁護士に相談するのがよい。

## (7)　エンジェル投資家からの出資を受けるべきか

　プレシード期やシード期の段階で，スタートアップが共同創業者以外から出資を受けることがある。例えば，先輩経営者や，ピッチイベントで知り合った投資家から，設立時または設立直後に出資の話を持ちかけられるケースがある。スタートアップ業界では，このような出資者をエンジェル投資家という。

　スタートアップの会社設立直後は一般的に資金繰りが厳しいものであるから，創業経営者はエンジェル投資家に言われるがままの条件で出資を受けてしまう場合がある。もっとも，エンジェル投資家の中には，自身に極めて有利な条件

で出資を行おうとする者もいるし，場合によっては詐欺的な内容で合意させよ
うというケースもあるようなので，注意が必要である。特に，出資金ほしさか
ら，エンジェル投資家が差し入れた投資契約書の内容を全く確認せずに出資を
受け入れるスタートアップが存在する。例えば，投資契約において経営者株主
に対して極めて不公平な表明保証（契約の締結日において，自社に関する財
務・法務等に関する一定の事項が真実かつ正確であることを表明・保証するこ
と）を要求したり，スタートアップが株式を買い戻す時の価額の基準を高額に
設定したりするケースがある。

　また，後述する資本政策の話とも関連するが，初期の段階で外部者に対し多
数の株式を発行してしまうと，原則としてスタートアップは強制的に株主から
株式を買い取れないため，後の資金調達においてベンチャーキャピタル（VC）
等から資金調達を受ける際の弊害になる場合がある。この点は後述の資本政策
（72頁）で詳しく述べる。

　いずれにせよ，会社の設立時または設立直後にエンジェル投資家から出資の
話を持ちかけられた場合，本当にその人間が信用できるか，投資契約は不合理
なものではないかなど，しっかり確認する必要がある。

## (8)　ビジネスがそもそも適法か

　また，会社を設立したものの，実施予定のビジネスがそもそも法的に実施不
可能なものであったり，市場ルールに反していて事実上実行できない，という
こともありうる。例えば，これまでにないライドシェアビジネスを思いついた
としても，道路運送法や道路交通法に反するものであれば実施できない。また，
画期的なマッチングビジネスを思いついたとしても，開発したアプリがApple
のiPhoneやGoogleのAndroidの規約に反していれば，そのアプリは事実上
リリースできない。

　したがって，行おうとするビジネスがこれまでに例のないものであり，適法
性に疑問がありそうなときは，会社設立前に弁護士等に適法性調査を依頼する
のが望ましい。場合によっては，グレーゾーン解消制度やノーアクションレ

ター制度などの行政の制度を使用することも検討すべきである（適法性調査については第2章14頁を参照）。

# 4　シード期後半からアーリー期の法律問題

## (1)　発生するイベントと法律的に問題になる点

　この段階は，会社設立から3〜8年目くらいを想定している。例えば，プロダクトはローンチされ，ユーザーも増加してきている段階である。スタートアップ業界の用語でいえば，いわゆるプロダクトマーケットフィットを目指す段階である。また，ビジネスが軌道に乗れば，当然その分資金ニーズも高まるため，追加の借入を行ったり，外部投資家からのエクイティによる資金調達を検討する段階でもある。

　この段階でスタートアップが問題になるのは，投資契約や資本政策とも関連する資金調達の問題である。また，従業員も増え始めるから，労務管理の問題なども生じることになる。また，IPOやM&Aを目指す場合は，会社法や税法等に従い，毎期適法な決算業務を行う必要がある。

　以下では，シード期後半からアーリー期で問題になる法律問題について解説する。

## (2)　資金調達
## ①　資金調達とは

　資金調達とは，文字どおり事業資金を調達することである。前記のように，会社には設立時に創業者株主により，会社の設立に際して出資される財産の価額が出資されている。もっとも，設立時の出資金はプロダクトの開発のために使用することになるし，ビジネスを開始し，かつ規模を拡大するためには利益率が高いプロジェクトに積極的に投資していく必要がある。

　また，初期のプロダクト開発段階では通常は収益発生前の段階であり，そもそも設立時の出資額では不足する場合もある。

　このように，会社がプロダクトを開発したり，ビジネスを拡大していくには，常に資金が必要となる。この点，ビジネスから得た収益を再投資していくことも可能だが，スピード感のある成長を目指すスタートアップとしては，投資額として十分でない場合もある。

　そこで，株式会社は，外部から資金を調達し，自社のプロダクト開発やビジネスの拡大のために投資を行うのである。

　資金調達，およびこれに関連するバリュエーションと投資契約の締結は，スタートアップにとっては最重要イベントともいえるため，本章の中心的テーマとして，以後のページで解説する。

### ②　資金調達が必要な理由

　ビジネスにおいては，自己資金のみで事業を行うよりも，借入などにより資金調達を行ったほうが，利息などを考慮しても最終リターンが大きくなる場合がある。

　例えば，自己資金100万円の企業がある段階で，新たなプロジェクトを検討しており，当該プロジェクトは平均リターンが1年で10％得られるものする。

　この点，自己資金のみを当該プロジェクトに投資した場合，1年後の最終リターンは10万円である。対して，900万円を年利3％で借入れ（利息27万円），自己資金と合計して1,000万円を投資すれば，100万円のリターンを得られるということになる。100万円から利息である27万円を控除しても，73万円の最終リターンを得られるということである。このことを「レバレッジ」という。

**【レバレッジによるリターンの最大化】**

> 原則：投資額が大きいほど，利益は大きくなる（レバレッジ）
>   例：平均リターンが1年で10%の事業
>     ① 設備投資に100万円→純利益10万円
>     ② 設備投資に1,000万円→利益100万円
>   →900万円を年利3％で借り入れた場合，利息27万円
>     利益100万円－利息27万円＝**純利益73万円**＞①

　もっとも，上記の例はあくまで投資額を増加させたとしてもリターンが一定の場合を想定しており，実際のビジネスはこのような単純なものではない。また，借入を増やし過ぎると，資金繰りがうまくいかなくなった場合に，デフォルトの危険が高まる。とはいえ，資金調達を行い，外部資金を含めて投資した方が，リターンを最大化できる，という原理を学ぶには，前記はわかりやすい例といえる。

　なお，株式投資などでは，「複利」を利用することが財産形成のポイントといわれる。具体的には，ある投資で元本とリターンを回収した場合は，次の投資に対しその元本とリターンを投資することで，リターンからさらにリターンを生むことができる，という発想である。この発想はビジネスにおいても同様である。あるプロダクトやプロジェクトで得たリターンは，次の利益率の高いプロダクトやプロジェクトに投資していくことでリターンからリターンを生み出すことができ，株式会社も複利の恩恵を得られるのである。

### ③　資金調達の種類

　資金調達には，一般的に以下のような種類がある。
- 株式発行による資金調達（エクイティ・ファイナンス）
- 借入による資金調達（デット・ファイナンス）
- 助成金や補助金，クラウドファンディング

## ④　エクイティ・ファイナンスの手続，およびメリット・デメリット

　エクイティ・ファイナンスとは，株式会社が株式を発行することによる対価としての出資額を得ることをいい，会社法では「募集株式の発行」という。出資額は，貸借対照表では文字どおりエクイティ（株主資本）に計上される。株式会社がエクイティ・ファイナンスによる資金調達を行うには，会社法「第2章　株式」のうち，「第8節　募集株式の発行等」の199条以下の手続に従う必要がある。

　スタートアップがエクイティ・ファイナンスを行ううえでの会社法の手続は，大まかにいえば，以下のとおりである。

---

①　株式会社特別決議を行い，募集事項（発行する株式の数，払込金額，払込期日，増加する資本金の額等）を決定する。
②　前項の募集事項の決定に従い，新たに株主となる者（投資家）が，会社に対し出資金額を払いこむ。
③　資本金が増加した旨の登記を行う。

---

　スタートアップの資金調達といえばエクイティ・ファイナンス，といわれるくらい，スタートアップではメジャーな方法である（一方，地方の昔ながらの中小企業では，事業資金の資金調達のほとんどを銀行からの借入によるデット・ファイナンスで賄っていることが多い）。

　特に，VCからの出資の受け入れは，シード期からアーリー期の創業者株主にとっては，この時点における事業の成功の例の1つといえる。

　エクイティ・ファイナンスのメリット・デメリットは**【図表3−4】**のとおりである。特に，デット・ファイナンスとの比較の観点から考えるとわかりやすい。

【図表 3 − 4】 エクイティ・ファイナンスのメリット・デメリット

| メリット | デメリット |
| --- | --- |
| ① 返済が不要<br>② 利息がかからない<br>③ 実績や担保がなくても調達可能<br>　（例：エンジェル投資家）<br>④ 出資以外のシナジー効果（例：業<br>　務提携，ノウハウ提供） | ① 議決権を握られる<br>② 経営に口出しされる<br>③ 利益が出た場合，配当が必要（資<br>　本コスト） |

## ⑤ デット・ファイナンスの手続，メリット・デメリット

　デット・ファイナンスとは，文字どおり，会社が負債（デット）としての借入債務を負うことにより，資金を調達する方法である。デット・ファイナンスによる借入は，外部者である金融機関との取引であり，法律的にいえば会社と金融機関との間の消費貸借契約である。したがって，内部管理のルールを定める会社法ではなく，外部的取引を規律する民法の587条以下に基づき取引が行われる。なお，同じくデット・ファイナンスの1つである社債を発行する際は，会社法「第4編　社債」の676条以下のルールにより発行される。もっとも，社債の発行は手続的にかなり煩雑であり，かつ金額によっては金融商品取引法の適用があるため，IPO前のスタートアップが発行するケースは極めて稀である。

　会計上の処理としては，デット・ファイナンスで調達した借入債務の金額は，貸借対照表の「負債」の項目に「借入金」として計上される。

　デット・ファイナンスのメリット・デメリットは【図表3 − 5】のとおりである。同じく，エクイティ・ファイナンスとの比較の観点から考えるとわかりやすい。

【図表3－5】　デット・ファイナンスのメリット・デメリット

| メリット | デメリット |
| --- | --- |
| ① 経営は基本的に自由にできる（議決権なし）<br>② 最近は金利が低い<br>③ 利息が配当よりも安く済む場合がある（資本コスト低） | ① 返済が必要<br>② 利息がかかる<br>③ 担保や保証人が必要な場合がある（経営者の個人保証が必要） |

### ⑥　助成金・補助金等のメリット・デメリット

　助成金・補助金は，行政や政府系機関から支給されるものが一般的であり，通常は返還不要である。最近では，新型コロナウイルス感染症の蔓延に伴う緊急事態宣言に際し，雇用調整助成金や持続化給付金など，行政から様々な助成金・補助金が支給されることになった。支給に関する法律上の根拠は，それぞれの特別法などである。

　また，最近ではクラウドファンディングにおいて資金調達を行う会社もある。クラウドファンディングとは，一般に新しい製品やサービスのアイデアを，インターネット上のプラットフォーム業者のサイトを通して公開し，不特定多数の外部者から資金を集めるシステムをいう。一概にクラウドファンディングといっても，寄付型，購入型，融資型，または投資型など，その種類は様々なものがあり，必ずしも助成金・補助金のように返還不要な金銭の給付を受けられるものではないことに注意が必要である。

　会計上の処理としては，助成金・補助金およびクラウドファンディングで得た資金のうち返還不要なものは，収益として損益計算書の特別利益等に計上される。

　助成金・補助金等のメリット・デメリットは【図表3－6】のとおりである。

【図表3－6】　助成金・補助金等のメリット・デメリット

| メリット | デメリット |
|---|---|
| ① 原則として返済不要<br>② 経営は基本的に自由にできる<br>③ 「創業間もない」事業者のみが受けられる場合もあり | ① 審査があり，倍率も高い<br>② 制度や要件が複雑 |

## ⑦　資金調達手段と貸借対照表の関係

　資金調達によって得た資金はすべて貸借対照表または損益計算書に計上される。貸借対照表と損益計算書は，会社の財政状態および経営成績を示す指標であり，経営者にとってはこれらを読み解く知識は必須である。特に，資金調達時やM&Aの際の企業価値測定（バリュエーション）の際の評価額は，貸借対照表と損益計算書の会計数値を基準に算出される。

　資金調達手段と貸借対照表の関係は，【図表3－7】に示すとおりである。

【図表3－7】　貸借対照表の構図

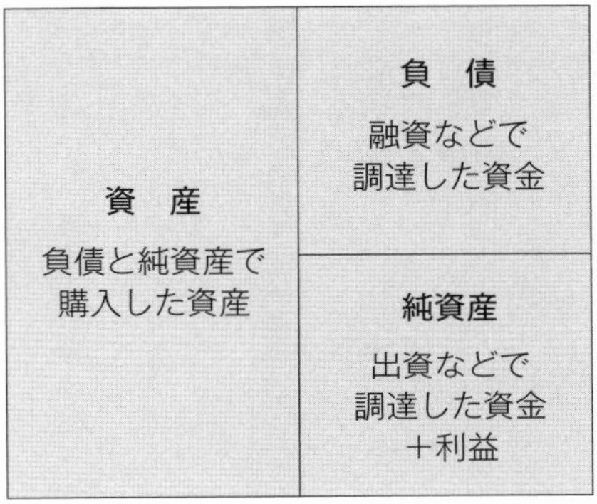

資　産
負債と純資産で
購入した資産

負　債
融資などで
調達した資金

純資産
出資などで
調達した資金
＋利益

■新株発行
会社の価値≒株主の出資
→新株発行により出資された金額は
「純資産」に計上
■借金
返済が必要・会社（≒株主）のものでは
ない
→借入により出資された金額は「負債」
に計上
■助成金・補助金
・返済不要な「もらった金額」
・「株主からの出資」ではなく「利益」
→損益計算書を通して「純資産」に計上

（単位：万円）

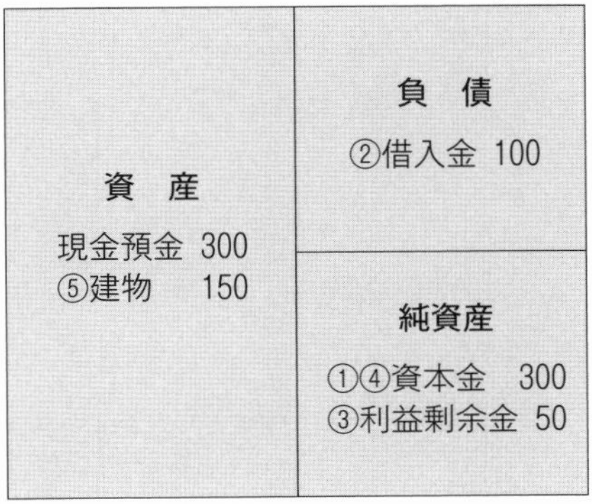

資　産
現金預金　300
⑤建物　　150

負　債
②借入金　100

純資産
①④資本金　300
③利益剰余金　50

このような取引があった場合…
①創業者が100万円を資本金として開業
②日本政策金融公庫から100万円を借入
③補助金により50万円の給付
④VCに新株を発行し200万円の調達に
成功
⑤建物を150万円で購入

　また，各成長フェーズごとの資金調達手段をまとめると，【図表3－8】の
とおりとなる。

【図表3－8】 成長フェーズごとの資金調達について

| | シード | アーリー | ミドル | レイター |
|---|---|---|---|---|
| 会社の状況 | プロダクト開発中 | 設立直後〜2，3年 | 収益増加 拡大・成長 | 収益安定 IPO準備 |
| 資金調達 | ・創業者が自己資金を準備 ・補助・助成金 | ・自己資金投資 ・日本政策金融公庫（借入） ・エンジェル投資 | ・VC（シリーズA） ・金融機関借入 | ・VC（シリーズB） ・金融機関借入 銀行・事業会社投資 |

## ⑧ エクイティ・ファイナンスで考慮すべき資本政策とは

　資本政策とは，事業計画等に基づき，将来どのようなタイミングで，株式発行により資金をいくら調達するかの計画をいう。資本政策の必要性は以下のとおりである。

　エクイティ・ファイナンスは外部投資家に対し株式を発行することで出資を受ける方法である。株式には通常は株主総会での議決権が付与されるため，株式が発行されると，外部投資家は会社の株主総会において議決権行使ができることになる。株主総会は株式会社の重要な事項を決議する最高意思決定機関であるから，株主総会での議決権を付与するということは，会社の重要な意思決定に参加させるということである。

　この点，外部投資家に多数の株式を付与しすぎると，創業経営者が自由かつ自律的に会社経営ができなくなるリスクがある。特にスタートアップの初期の段階では，強い信頼関係で結ばれた共同創業者のみにより会社の意思決定を行ってきたが，エクイティ・ファイナンスにより外部のエンジェル投資家やVCに株式を発行した場合，スタートアップがこれまでのように自由な意思決定ができなくなるケースがある。

　また，スタートアップがIPOを目指す場合は会社を大きく成長させる必要があるため，通常は何度かエクイティ・ファイナンスによる大規模な資金調達

（エクイティ・ファイナンスによる各資金調達を「ラウンド」という）を行う必要がある。そして，ラウンドのたびに株式を発行する必要があるが，当然，ラウンドを経るたびに創業者株主の議決権の比率が低下していく。仮に，会社設立後の最初のラウンドにおいて，スタートアップがVCに大きな議決権割合を占める株式を放出してしまった場合は，創業経営者が自律的な経営を保つためには，その後のラウンドにおいて株式の発行数を抑える必要があり，おもいいきった資金調達ができなくなる可能性がある。

　また，株式を発行する際には，ラウンドごとに1株当たりの払込価額（会社法199条1項2号）を定める必要があるが，原則として1株当たりの払込価額は，株式発行時点の会社の企業価値を評価して行われる（企業価値の評価を「バリュエーション」という）。この点，初期のラウンドで高すぎるバリュエーションにより資金調達を行ってしまうと，その後のラウンドでは，前のラウンドより低いバリュエーションを付けることができなくなってしまう。これは，一般的な投資契約で，後のラウンドで前のラウンドより低いバリュエーションが付いた場合は（ダウンラウンド），前のラウンドの株式の発行数を後のラウンドの低いバリュエーションで計算しなおし，前のラウンドの株式数を増加させるように規定されていることが多いためである（このような規定の条項を「調整条項」という）。

　そして，これまで述べてきたとおり，原則として株式は1度発行してしまえば買い戻しができない。このような事情から，資本政策は1度失敗するとやり直しがきかない，と言われているのである。

　したがって，創業経営者は，会社成立時からIPO時までの資本政策を作成しておく必要がある。作成の仕方としては，大まかでもよいので，まずは設立からIPOまでの中長期の経営計画を作成し，当該計画を実行するためには，いつ，いくら，どのような方法で調達するのがいいのかを考えることから始めるべきである。Excelなどの表で作成することが多く，フォーマットについては，インターネット上で入手できる。

　もっとも，資本政策はIPOまでの長期にわたる計画であり，かつ会社の事

業の状態により資金需要やラウンドのタイミングは常に変動するものであるから，随時見直しを行い，会社の置かれた状況の変化に応じてタイムリーに作り直していく必要がある。

## (3)　企業価値の算定（バリュエーション）の方法
### ①　バリュエーションの必要性

　前記のとおり，株式を発行する際には，ラウンドごとに1株当たりの払込価額（会社法199条1項2号）を定める必要がある。

　株式は会社の所有者としての地位が細分化されたものであり，会社はそれぞれ企業価値を有するから，投資家が株式を引き受けるには，理屈としては株式発行時点の企業価値を基に算定された株式の時価を払い込む必要がある（企業価値を発行済株式数で割れば，1株当たりの株式の時価が算定される）。特に，株式の本来の時価より安い価額で株式を引き受けた場合は，すでに適正な株価で出資した創業者株主や前のラウンドから参加している株主と比べ，有利な扱いを受けたことになってしまう（既存株主から新たな株主に対し，富の移転が起こってしまうことになる）。

　また，会社法でも，新たな株主の払込金額が，「特に有利な金額である場合」（有利発行）には，株主総会の特別決議とともに，株主総会において有利発行の必要性の理由を説明しなければならない（会社法199条3項）。

　では，株式の時価はどのように算定するのだろうか。この点，上場会社（証券取引所で株式を買うことができる会社）であれば，市場の株価，つまり1株あたりの会社の価値が客観的に日々更新されているので，上場会社が新たに株式の発行を行うには，特定時点の市場の株価を基にすればよい。

　もっとも，スタートアップのような非上場企業では，証券取引所による客観的な株価が存在しない。したがって，株式会社が株式を発行するためには，原則としてラウンドごとの1株あたりの株式の時価を算定する必要があり，そのためには企業価値の評価としてのバリュエーションを行う必要がある。

## ②　バリュエーションの方法

　前記のようにスタートアップのような非上場会社の株式は，証券取引所の株価のような客観的な価格がないため，会社が独自に算定する必要がある。

　この点，後述するようにバリュエーションが高い方が発行する株式を少なく抑えられ一般的に有利であることから，バリュエーションを高く評価するインセンティブがある。反対に，株式を引き受ける株主としては，高すぎるバリュエーションだと，出資額の割には得られる株式が少ない，ということになってしまう。

　そこで，会社と投資家の双方が納得するバリュエーションで株式を発行するために，非上場会社のバリュエーションは，ある程度客観的な方法で行われる必要がある。代表的な方法として，以下の3つがある。

---

①　ネットアセット・アプローチ（純資産価格方式）
②　インカム・アプローチ（将来のキャッシュ・フローから算出する方法）
③　マーケット・アプローチ（同業他社比較方式）

---

　もちろん，これらの方法の意味を完全に理解するには，会計やファイナンスの知識が必要になるため，本書での紹介は要点に留める。これらの方法の詳細を把握されたい方は，公認会計士協会が公開している「企業価値評価ガイドライン」をご参照いただきたい。

### (i)　ネットアセット・アプローチ（純資産価格方式）

　ネットアセット・アプローチとは，会社の企業価値を貸借対照表の純資産を基準に算定する方式をいう。貸借対照表の純資産額は，資産から負債を控除した額であり，会社の所有者である株主に帰属する部分である。つまり，「純資産額＝会社の価値」と考え，1株当たりの企業価値は「純資産額÷発行済み株式数」と考える方法である。

　もっとも，貸借対照表は原則として，資産と負債が取得価格で記載されてい

るため，貸借対照表の純資産額を基にすると，会社の現在の企業価値を正確には反映することができない。例えば，30年前に100万円で買った土地が，その後の価値高騰で，時価が1億円となっていたとしても，貸借対照表は「土地100万円」と記載されている。そうすると，貸借対照表を基にして企業価値を算定すると，当然に現在の会社の価値とは大きくズレが生じてくることになる。

そのため，企業価値の評価を現在の実態により近づけて算定するために，貸借対照表の資産や負債を時価で評価し直して純資産額を算出し，1株当たりの時価純資産額をもって企業価値とする時価純資産法が採用されることもある（むしろ純資産価格方式により企業価値を評価する場合は，時価純資産法を採用する場合が多い）。

会社の資産には，土地，建物，設備などの有形の資産はもちろん，商標権等の知的財産権などの無形資産も含まれる。そして，会社の資産を時価評価することにより，会社が持つ超過収益力（のれん）も測定することができるため，会社の企業価値をより厳密に把握することができる。

また，資産のみならず，負債についても時価評価を行うことになる。会社の時価純資産額は，時価評価された資産から，時価評価された負債を控除した金額となる。

ネットアセット・アプローチは，後述するインカム・アプローチなどに比べ，計算方法が比較的簡単なので，中小企業のバリュエーションの際に用いられることが多いといわれている。ただし，時価純資産法には，現在のストックである貸借対照表をベースに算定を行うため，将来的な利益が正確に反映されにくいというデメリットがある。言い換えると，超過収益力を評価したとしても，将来キャッシュ・フローを株式価値に取り込みにくい方法といえる。そのため，時価純資産法は現時点で比較的規模の大きい資産を保有している企業に向いているといわれている。

## (ii) インカム・アプローチ（将来のキャッシュ・フローから算出する方法）

インカム・アプローチとは，会社が将来生み出すと期待されるキャッシュ・

フローに基づいて評価対象会社の価値を評価する方法である。

　キャッシュ・フローという概念は，その場面や解釈ごとに多義的な言葉であるが，ごく単純にいうと言葉のままであり，会社の事業活動により会社にキャッシュ（現金）が入ってくることをいう。

　なぜキャッシュ・フローという概念が必要になるかといえば，そもそも会社の目的は，会社がたくさんキャッシュを稼ぎ，一部を株主に配当し，一部をさらに投資してまたキャッシュを稼ぎ……というのを永遠に繰り返すことであるところ，会社の経営成績を示す損益計算書の収益や費用の金額は，必ずしも実際のお金の動きと一致していない（これを実現主義や発生主義という）からである。したがって，会社が獲得した純然たるキャッシュ・フローの金額は，資金繰りや事業計画作成のために，別途把握される必要がある。

　そして，企業価値というのは，前記のとおり会社が発行する発行済株式の時価の合計額と同義だが，株式の価値は，結局その会社が将来的にいくらキャッシュを稼ぐことができるかによる。なぜなら，投資家が会社に投資をする目的は，キャピタルゲインおよびインカムゲインを得るためであり，これらは最終的にはキャッシュで獲得されるものであるためである。

　つまり，インカム・アプローチによる企業価値とは，その会社が将来的にいくらキャッシュを稼ぐことができるかに着目した方法であり，端的にいえば「将来のキャッシュ・フローの割引現在価値※の合計額」ということになる。

　算出された将来キャッシュ・フローを元に割引率を用いて，現在の割引現在価値たる企業価値を算出する。この方法により企業価値を算出する方法をDCF（Discounted Cash Flow）法という。DCF法では，将来的な利益を算出するために，事業計画書を作成し，その事業計画書に基づいて将来キャッシュ・フローを算出する。

　割引率は，将来キャッシュ・フロー獲得の不確実性（リスク）などにより決定される。割引率を高く設定するほど，企業価値は低く算出される。つまり，信頼性の高い企業ほどリスクが低いため企業価値が高く算出され，設立したばかりのスタートアップなどはリスクが高いため割引率が高めに設定されること

になり，企業価値は低く算出される。ただし，注目されている分野で優れた技術力を持ち，大きな成長が見込めるスタートアップの場合は，将来キャッシュ・フローが高めに算定され，またはリスクが低いと評価され割引率が低く設定されることで，高額な企業価格が算定される場合もある。

　繰り返しとなるが，会社の目的はキャッシュをたくさん稼ぐことにあるため，将来会社が獲得するキャッシュ・フローにより企業価値を算出する DCF 法は，理論上は最も優れているといえる。もっとも，割引率を何％にするか，将来キャッシュ・フローをいくらと見込むか等，見積りの要素が多分にあるため，厳密な算定が困難な方法ともいえる。また，事業計画の信憑性が算出される価格に大きな影響を与えるという点もデメリットの1つといえる。

### ※　割引現在価値とは

　割引現在価値とは，将来の特定の時点に得ることができるキャッシュを，現在の価値に直した金額をいう。割引現在価値は，ファイナンスの基礎的な概念であり，スタートアップの経営者としては理解しておくべき概念であるため，以下で簡単に述べる。

　例えば，仮に10万円を国に預けた場合，1年で10％の金利が付くと仮定する（この10％を割引率という）。通常，お金を国に預けておけば，償還期限には無リスクで約束どおり利子つきで返還される。そうすると，現在の10万円は，1年間で無リスクで11万円に増やすことができることになる。

　逆にいうと，1年後の11万円と今の10万円は同じ価値である，ということができる。このことから，1年後の11万円を割引現在価値に直すと10万円になる，ということができる。また，今の10万円と，2年後の12万1,000円（10万円×1.1×1.1）は同じ価値である，ということである（【図表3－9】）。

## 【図表3－9】　割引現在価値とは

将来の特定の時点に得ることができるキャッシュフローを
現在の価値に直した金額
例：年間利益率10％の会社が100万円の設備投資を実行

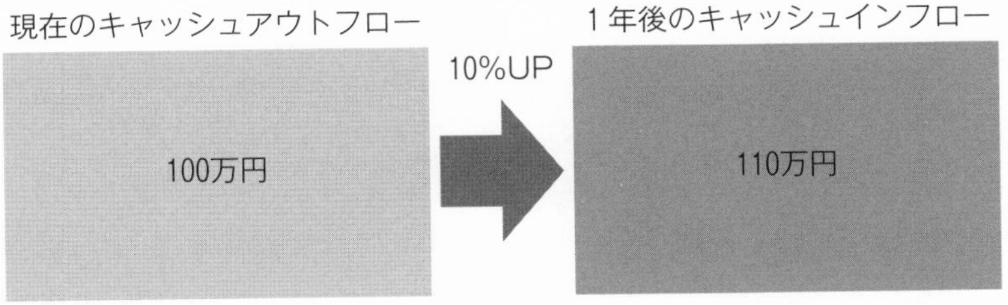

現在のキャッシュアウトフロー　　　　　　　　　１年後のキャッシュインフロー

10％UP

100万円　　　　　　　　　　　　　　　　110万円

年間利益率が10％の会社においては，現在の100万円と１年後の110万円が同じ価値

### (iii)　マーケット・アプローチ（同業他社比較方式）

　マーケット・アプローチとは，上場している同業他社や類似取引事例など，類似する会社，事業，ないし取引事例と自社を比較することによって，相対的に自社の価値を評価する方式である。例えば，上場会社の市場株価と比較して，非上場会社の株式を評価する類似上場会社法などがある。

　類似上場会社法とは，上場している類似会社の株式市場の価格を元にして自社のバリュエーションを算出する方法である。この計算には，企業価値を測定したい非上場会社である自社と，類似する上場企業を選定し，選定した上場企業の純資産などの金額を調整することで，非上場会社である自社の企業価値を算定する。具体的には，上場企業の中から業種，取扱い製品，事業規模，収益性等が同レベルの会社を複数選定し，調整することにより企業価値を算出することになる。選定する企業によって，算出される価格が大きく変動する可能性があるため，類似企業が少ない場合は採用されない。また，独自の技術を持つ企業が多い業種の場合，類似企業の選出基準が非常に難しくなるというデメリットもある。

### (iv)　VCによる企業価値測定

　VCがスタートアップに投資する場合は，必ずしも前記のような方法でバ

リュエーションを行っていないようである。

　VC の目的は IPO や M&A などによる最終的なイグジットにあり，投資した金額を，最終的にいくらで回収するかが最終目的となる。そこで，投資した会社の財政状態やキャッシュ・フローに着目したバリュエーションとは別に，最終的に VC が獲得すべき目標利益（イグジット時の企業価値から算定）から，VC が要求する内部利益率（IRR：Internal Rate of Return）を割引率に用いて割引現在価値を算出し，現時点でのバリュエーションや投資額を算出する，という方法を採用しているケースが多いようである（実際には，(ii)の DCF 法なども併用して，企業価値を算出しているようである）。

　細かい計算方法は複雑であるため割愛するが，スタートアップ企業が VC から投資を受ける際には，VC がイグジットに着目してバリュエーションを行っていることは覚えておいてもよいだろう。

## (v)　まとめ

　以上のように，様々なバリュエーションの方法を見てきた。実際の実務では，様々な方法を併用した上で，あるべきバリュエーションを算出することが多い。

　また，これまでのとおり，これらの方法によるバリュエーションは時間と工数がかかり，かつ専門的知識が必要になるため，設立から数年のスタートアップ，例えばプレシード期やシード期のスタートアップのバリュエーションにおいては採用されていないことが多い。例えば，VC によっては，シードステージのバリュエーションは一律 5 億円，と固定している場合や，インキュベーターやアクセラレーター（創業前後のスタートアップを金銭面や技術面からサポートする組織）のプログラムでは，応募者の中で出資を受けられる企業は，一律 2 億円のバリュエーション，などとしているような場合がある。

　なお，前記のバリュエーションは，株式を発行する場合のみならず，M&A 時における株式評価（創業経営者の有する株式の売価をいくらにするかの計算）でも用いられる。

## ③　バリュエーションが高いことのメリット・デメリット

　これまでのとおり，バリュエーションの方法は様々なものがあり，かつ会社資産の時価評価や，割引率などの見積りの要素があるため，バリュエーションの金額はある意味ではどのようにもコントロールできる，ともいえる。

　株式を発行するスタートアップからすれば，基本的にはバリュエーションが高いほうがいい。なぜなら，バリュエーションが高ければ，投資家に対し発行する株式を少なくすることができるためである。例えば，発行済株式数が100株である会社の場合，投資前のバリュエーション（これを「プレバリュー（Pre Value)」という）が1億と評価されれば，1株を時価100万円で発行することになるところ，投資家が1,000万円を出資する場合，投資家には10株を発行する必要がある（なお，投資家出資後の企業価値は1億1,000万円となり（1億円+1,000万円)，これをポストバリュー（Post Value）という)。これに対して，プレバリューが2億と評価されれば，1株の時価は200万円となり，投資家の1,000万円の出資に対して5株の発行で済む（この場合のポストバリューは2億1,000万円)。

　当然，投資家に対し発行する株式が少ないほうが，スタートアップの創業者株主にとっては持分比率や議決権比率の低下は抑えられるため（持分比率や議決権比率の低下を「希薄化」や「希釈化」などという)，バリュエーションが高いほうが基本的にはスタートアップには有利といえる。

　一方で，高すぎるバリュエーションのデメリットとしては，後のラウンドでバリュエーションが低下する，ダウンラウンドが起こった場合のリスクである。前記のとおり，ダウンラウンドの場合において，本ラウンドの株式の発行数を後のラウンドにおける低いバリュエーションで計算しなおす旨の調整条項が投資契約で規定されている場合は，本ラウンドで高すぎるバリュエーションにより資金調達を行ってしまうと，その後のラウンドでは，事実上本ラウンドより低いバリュエーションを付けることができなくなってしまう。そうすると，本ラウンドでバリュエーションを高くしすぎた場合，次のラウンドではさらに高いバリュエーションが要求される。会社の業績が右肩上がりであれば問題ない

が，後のラウンドまでに業績が悪化していた場合に，前記のような調整条項があることによって，バリュエーションを下げることは創業者株主の持株比率等の大きな希薄化につながることになる。また，そもそもバリュエーションが高すぎると，投資家にとっては投資額に見合う株式を得られない可能性があり，それ自体が投資家にとって投資を敬遠する事情になる場合もある。

したがって，バリュエーションは単純に高ければいいというものではない。この点に留意しておくべきである。

## (4) 投資契約の締結
### ① 投資契約の締結の必要性

投資契約とは，株式の発行の際における会社（および多くの場合は創業者株主）と投資家の間で，投資条件を定める契約をいう。

株式会社が株式を発行するためには会社法の規定に従う必要があるが，会社法上は前記のとおり，株主総会の特別決議を行って募集事項（発行する株式の数，払込金額，払込期日，増加する資本金の額等）を決定し，新たに株主となる者（投資家）が会社に対し出資金額を払い込み，資本金が増加した旨の登記を行えば，基本的には完了である。つまり，投資契約の締結は，会社法上は不要である。

それにもかかわらず，株式発行の際に一般的に投資契約が締結されているのは，投資家が自身の権利・利益を保護するためである。会社法においては，様々な株主の権利が規定されているが（議決権，配当請求権，会社解散時の残余財産分配請求権など），会社法の権利のみでは，投資家の保護としては十分といえない。特にスタートアップは将来の業績の不確実性が非常に強く，かつ経営が失敗すれば投資が全く回収できない可能性もあり，上場企業などに対する投資に比べリスクが非常に高い。

したがって，リスクマネーを出資する投資家が可能な限り自身の権利・利益を保護するために，投資契約を締結することになる。最近の実務でも，出資の際は投資契約が締結されることが一般的である。

## ②　投資契約の主な内容

　投資契約は契約自由の原則が該当するため，会社法等に反しない限り，原則としてどのような内容でも規定できる。とはいえ，スタートアップとの投資契約の内容は実務上ある程度固まってきており，特にVCとの投資契約では，規定される内容も一般化されてきた。

　もっとも，投資契約はその文言や内容を見ただけでは読み解くのに非常に難解な場合が多い。特に，実務では投資契約書はVC等の投資家側から提供される場合が多いため，スタートアップとしては，内容を理解せずに締結してしまうと，後々取り返しのつかないことになる場合もある。

　投資契約で定められる条項としては，経営者の資金使途制限，経営専業義務，情報開示義務，株式買取条項，上場努力義務，表明保証など，様々な条項があるが，ここでは重要な表明保証条項，資金使途制限条項，株式買取条項を見ていく。

　なお，投資契約については，専門書も多数あり，かつインターネット上でも有用な情報を得られる。特に，経済産業省が公開している「我が国における健全なベンチャー投資に係る契約の主たる留意事項」は，投資契約や株主間契約を理解するのに非常に有用な資料といえる。

## ③　表明保証条項

　表明保証条項とは，会社および経営者株主が，会社に関する一定の事項を投資家に表明し，保証する条項をいう。

　表明保証条項の目的は，投資家が行う（行うべき）デューデリジェンス（投資を行うにあたって，投資対象となる企業や投資先の価値やリスクなどを調査すること）の補完にある。投資家は外部の第三者であるため，投資の意思決定を行う際に，その会社が法令を遵守して経営を行っているかどうかや，公表している計算書類の数値が適正かどうかなどについては判断することができない。そこで，投資家は，デューデリジェンスを行い，会社経営の適法性や適正性を判断することが望ましい。もっとも，デューデリジェンスを行ったとしても，

会社の状況が必ずしも正確に把握できるとは限らないし，費用や時間もかかるため，ある程度省略されたり，場合によっては全く行わずに投資しなければならないこともある。

　そこで，会社および経営者株主に対し，投資家がデューデリジェンスを行うことができなかった事項について適正であることを表明・保証させることで，デューデリジェンスの補完を行うことができるのである。

　具体的には，表明保証条項は以下のように定められる。

---

（例）発行会社および経営株主は，投資家に対し，払込期日において，以下の事実が真実かつ正確であることを表明する。
- 発行会社の貸借対照表等の計算書類が適正であること。
- 発行会社が訴訟の提起などの紛争を抱えていないこと。
- 許認可，知的財産権の取得がされていること。
- 反社会的勢力等との関係がないこと。
- 必要資料の提出が適正に行われたこと。

---

## ④　資金使途の制限

　出資により払い込まれた資金は，その資金の使途を限定・制限されることが一般的である。これは，出資により得た資金を経営者が恣意的な目的に消費することを抑止するためである。例えば，投資家としてはプロダクトの改良や人材採用の資金として使用してほしいと考えているにもかかわらず，経営者が資金を不可思議な金融商品への投資に充てたとしたら，投資家としては出資した目的を果たせなくなってしまう。

　したがって，投資契約においては，資金使途の制限が定められ，資金の使途を事業の発展のための必要な費用に限定することが一般的である。

## ⑤　株式買取条項

　株式買取条項とは，経営者が表明保証等の投資契約の内容に違反する行為を行った場合に，会社や経営者に対し株式の買取を請求できる権利を認める条項

をいう。

　経営者が投資契約に違反した場合，投資家としては投資額の返還を図るため，まずは損害賠償請求を行うことが考えられる。もっとも，損害賠償請求においては投資家が損害の立証を行う必要があるが，その立証は困難であることが多い。そこで，投資家としては，経営者が表明保証等の投資契約の内容に違反する行為を行った場合には，自身の株式を少なくとも実際の払込価額以上で買い取ってもらうことを定めることで，投資額の担保を図ることができる。

　なお，買取義務者が会社のみならず，経営者も含まれているのは，前記のとおり，会社が自己株式の買取を行うには分配可能額規制が適用されることから，会社の財政状態によっては自己株式の取得が困難である場合が多いためである。そこで，株式買取条項では，経営者も買取義務者に含めることが一般的である。

　株式買取には多額の費用がかかる場合があり，経営者個人としてはとても支払うことができない額である場合も多い。したがって，経営者としては，株式買取条項は可能な限り外してもらうのがよいが，実務上は出資する投資家側が力関係的に優位であるため，当該条項が付される場合が多い。経営者としては，投資契約の内容をしっかり理解し，表明保証条項をはじめとする投資契約違反がないように（あるいは投資契約違反を疑われないように）コンプライアンスに留意して経営を行うべきであり，かつ投資家とは密にコミュニケーションを取っていくことが望ましい。

## (5)　種類株式について
### ①　種類株式とは

　種類株式とは，株式ごとに特別の内容や権利を定めた株式をいう。反対概念は「普通株式」である。

　普通株式とは，会社が発行する原則の株式である。会社設立時に創業経営者に対し発行される株式は，通常は普通株式である。普通株式は，どの株式も1株ごとの内容や権利内容は同一である。例えば，どの株式にも配当が均一に付与されるし，どの株式も原則として1株あたり1つの議決権が付与される。

　もっとも，投資家ごとに投資目的が異なり，様々なニーズがあるのが実状である。例えば，投資家の中には，会社経営を自ら主導的に行いたい株主や，経営意思決定に積極的に関与していきたい株主もいるだろう（ハンズオン型の投資家）。一方で，経営には全く興味がなく，単にキャピタルゲインやインカムゲインの獲得を目的として投資する株主（ハンズオフ型の株主）もいるかもしれない。

　このような株主ごとに異なるニーズに対応するため，会社法によって，株式ごとに内容の異なる特別の株式を発行できることが定められている。これが種類株式である。

## ② 種類株式の内容

　種類株式は株式ごとに特別の内容や権利を定めた株式であるが，自由に内容を定めることができるわけではない。会社法では，発行できる種類株式の内容を，以下の9つに限定している（【図表3－10】）。この9つは基本的に組合せ自由である。例えばある種類株式を発行する際に，剰余金の配当優先種類株式と議決権制限種類株式の組合せとしてもいい。

【図表3-10】　種類株式の内容

| 種類株式 | 内　容 |
|---|---|
| 剰余金の配当優先・劣後株式 | 剰余金の配当について，配当額や配当順序について優先的な定めや劣後の定めができる。 |
| 残余財産の分配優先株式 | 会社解散時などにおける残余財産の分配について，優先的な定めができる。 |
| 議決権制限株式 | 株主総会での議決権行使について，行使できる決議内容を制限できる。 |
| 譲渡制限株式 | 株式を第三者に譲渡する際に会社の承認を条件とすることができる。 |
| 取得請求権付株式 | 株主が会社に対し，一定の条件により，強制的に買取を請求できる。 |
| 取得条項付株式 | 会社が株主に対し，一定の条件により，強制的に引渡を請求できる。 |
| 全部取得条項付株式 | 株式会社が株主に対し，株主総会の決議を経て，強制的に株式の引渡しを請求できる。 |
| 拒否権付株式 | 株主総会等での決議事項について，当該種類株式の種類株主総会の決議を要件とすることができる。 |
| 役員選任権付株式 | 当該種類株主の種類株主総会で役員の選任ができるものとする。 |

### ③　定款変更の必要性

　株式会社が種類株式を発行するには，普通株式と異なる定めを置くこと，および発行する種類株式の内容について，定款にて法定の必要事項を定める必要がある（会社法108条2項）。したがって，スタートアップが種類株式の発行を行うには，まずは定款変更の株主総会特別決議が必要になる（同法309条2項）。

### ④　スタートアップがVCから出資を受ける場合

　スタートアップがVCから出資を受ける際に種類株式を発行する場合，ほとんどの場合，①剰余金の配当優先株式，②残余財産の分配優先株式，③取得請

求権付株式，④取得条項付株式の４つを内容とする種類株式が発行される。

その中でも，以下では特に重要な残余財産の分配優先株式と，取得条項付株式の内容について詳しく解説する。

## ⑤　残余財産の分配優先株式について

残余財産の分配優先株式とは，会社解散時などにおける残余財産の分配について，他の普通株主よりも優先してその分配を受けることができる株式である。例えば，発行済株式数100株の会社を清算する場合で，残余財産が５億円ある場合を考えてみる。ここで，当該種類株式の株主が，当該種類株式20株を引き受けるために２億円を出資していたとする。そして，当該種類株式の内容が「１株当たりの払込価格の１倍の価額を優先して分配」され，かつ「余った残額をさらに持株比率により分配」される旨が定められているとする（これを「１倍・参加型」という）。この場合，会社清算時の財産の分配手続において，当該種類株式の株主には，普通株式の株主に先立ち，まず払込価格である２億円が優先して分配される。さらに，残額である３億円から，持株割合の20％分の6,000万円の分配を受けられ，合計で２億6,000万円の分配を受けることができる，とするものである。

もっとも，スタートアップにおいては，残余財産の分配優先株式は，会社清算時よりも，むしろ創業経営者によるM&A時に機能することになる。具体的には，創業経営者による低い価格でのM&A時への対応として効果を発揮する。

例えば，上記と同様に，創業経営者が発行済株式数100株の会社を５億円でM&Aを行う場合を想定する。ある株主は，株式20株を引き受けるために２億円を出資していたとする。もっとも，M&A時には会社の企業価値が10億円であり，本来であれば10億円相当でM&Aできたものとする。

この場合，当該株主が有する株式が普通株式であれば，M&A価格の５億円のうち，持株比率の20％である１億円を回収することができる。当該株主からすれば，２億円を出資していたのに，また本来であれば10億円でM&Aがで

きたのに，創業経営者が 5 億円で M&A を行ったため，当該株主には損失が生じてしまったことになる（とはいえ，実際はこのような創業経営者の恣意的な M&A ができないように，投資契約において設計されているのが通常である）。

　この場合に，前記の残余財産の分配請求権の「1 倍・参加型」の法的効果を，M&A の際にも適用させると，前記の清算時と同じような処理がされる。具体的には，まず当該株主は，M&A 価格の 5 億円から，まず払込価格である 2 億円が優先して分配される。さらに，残額である 3 億円から，持株割合の20%分の6,000万円の分配を受けられ，合計で 2 億6,000万円の分配を受けることができる，とするものである。

　もっとも，このような運用は，会社法で定められた種類株式としての残余財産の分配優先株式としての法的効果を逸脱しているといえる。したがって，M&A 時においても残余財産の分配請求権と同様の法的効果を発生させるため，実務では，投資契約等において，「M&A 時において，定款記載の残余財産の分配に関する規定を適用」する旨を規定するのが一般的である（これを「みなし清算規定」という）。

## ⑥　取得条項付株式について

　取得条項付種類株式とは，会社が株主に対し，一定の条件により，強制的に引渡しを請求できる株式である。当該種類株式が効果を発揮するのは，会社の IPO の準備段階である。

　上場企業は誰でも株式を取得できるパブリックカンパニーであり，株主平等の原則が強く働くため，IPO 時には，原則として会社の発行する株式はすべて普通株式である必要がある。

　もっとも，例えば会社が上場前に種類株式として残余財産の分配優先株式を発行している場合，これまで述べてきたとおり，一度発行した株式は，会社と株主の合意がない限り，会社は株主から強制的に株式を買い取ることができないのが原則であるから，このままでは会社としてはすべての株式を普通株式に

することができない。

そこで，種類株式の内容として，「株式上場時」には，「会社が種類株式すべてを買い取る」として規定することができるものである（実務上は，「当該種類株式の取得と引き換えに普通株式を交付する」と定めるのが一般的である）。

### ⑦　実務上の運用について

前記のように，最近の実務では，投資契約を締結した上，種類株式を利用した資金調達をするケースが多い。特にシード期後半以降の出資（いわゆるシリーズ A 以降の出資）において VC から出資を受ける場合は，種類株式の発行による資金調達が選択される場合が一般的である（種類株式の発行には定款変更などのコストがかかるため，出資額が少ないプレシード期やシード期前半のシードラウンドの出資の際は，費用対効果の観点から普通株式での発行になるケースもある）。

また，種類株式は前記のような様々な権利が株主に付与されるため，投資家にとっては普通株式よりも価値が高いものである。そのため，種類株式を発行する場合のほうが，同じ株式数を普通株式で発行するよりも高いバリュエーションが付く。このため，スタートアップにとっても，放出する議決権を抑えつつ高いバリュエーションによる資金調達を実行できるため，種類株式の発行は双方にとってメリットがあるといえる。

そして，前記の投資契約の締結による条件も加えることで，投資家と会社は，種類株式の出資の条件や出資後の投資家の権利内容について，様々なルールを設定することができるのである。

### (6)　決算処理について
### ①　決算処理の重要性

スタートアップに限らず，株式会社は毎期決算として，計算書類を作成し，株主総会の承認を得る必要がある（会社法438条 2 項）。決算処理を詳細に解説するスタートアップ関連の書籍は少ないが，適正な計算書類を作成することは，

金融機関から借入を得るためや，投資家から出資を得るためには必要不可欠である。特に投資家との間で締結する投資契約には，ほぼ必ず会社の計算書類が会計基準等により発行会社の財政状態および経営成績を適正に表示していることについての表明保証が付されることから，決算処理はスタートアップにとっても極めて重要である。

　また，IPOを行うには，金融商品取引法の規制により，会社の仕組みとしての内部統制として，決算・財務報告に係る業務プロセスの整備が必要になる。

　以下，簡単にスタートアップが決算において留意すべき点を述べる。

## ②　決算処理の意義

　株式会社は毎事業年度が終了する度，決算処理を行う必要がある。「決算」の定義は，法令等より明確に定まったものはないが，一般的には，一定期間の収入・支出を計算し，利益または損失（損益）を算出すること，といわれている。そして，決算により算出した金額は，株式会社の決算日時点の財政状態および1年間の経営成績として，株主をはじめとした多数の利害関係者に公表されることになる。

## ③　作成すべき書類

　様々な利害関係者に株式会社の財政状態や経営成績を報告するために，株式会社は複数の書類を作成することになる。例えば，株主に対しては，会社法で求められる「計算書類」を作成する必要があるし，国に対しては，法人税法で求められる「申告書」を作成する必要がある。さらには，上場企業であれば，金融商品取引法で求められる財務諸表を作成する必要がある。

　複数の書類の作成が必要になるのは，株式会社が株主，債権者をはじめとしたそれぞれの利害関係者に情報を提供するためであり，書類ごとに作成目的が異なるためである。例えば，計算書類は「分配可能額（配当できる金額）の算定」のため，法人税の申告書は「課税の公平」のために作成されるし，財務諸表は「投資家の意思決定」のために作成される。

　また，最近では「月次決算」として，毎月ごとに業績等を把握する株式会社
も増えている。月次決算は法令により作成が求められているものではないが，
株式会社が自社の財政状態や経営政策をタイムリーに把握し，経営判断に活か
すために，多くの会社で積極的に導入されている。特に設立数年間のスタート
アップでは収入に対して支出額が多く，資金繰りが極めて重要であるため，月
次決算を基にした予実分析や，月の支出額（バーンレート），会社が資金ショー
トを起こすまでの期間（ランウェイ）を創業経営者が適切に把握する必要があ
る。

### ④　留意するポイント

　決算処理について共通していえることは，自社の業績や状態を適時に把握す
ることができるように，常日頃から自社の会計についての情報を集計する必要
があり，それをできるような会社の仕組みを整備する必要があるということで
ある。特に法人税の申告書については，会社の決算から原則2カ月以内に税務
署長に提出する必要があり，そのためには，計算書類が株主総会で承認されて
いる必要がある。この場合は，決算から2カ月以内に，株主総会を開くことが
できるように，内部管理体制を整備しなくてはならない。

　ちなみに，前記に挙げた決算のために作成する書類は，それぞれ別々に作成
されるわけではなく，基となる会計情報は同じである。例えば，法人税の申告
書は計算書類を基にして作成することとなるため，先に計算書類が株主総会に
おいて承認されている必要がある。

　なお，3月決算の上場会社においては，株主総会が決算日から3カ月後の6
月末に開催されているのが通常である。これは，上場会社においては，法令で
求められる会計監査を受ける必要があり，この監査に時間がかかるためである。
この場合，決算日から2カ月以内である5月末に法人税額を予定納税し，6月
末に株主総会において計算書類が承認された後に，「法人税申告書」の提出を
行う，という流れになる（6月末になると上場企業の株主総会が多数開催され
るのはこのためである）。

　いずれにせよ，株式会社が法律のルールどおりに決算を行うためには，常日頃から，会計情報を正確に記録し，かつ期限内に決算で求められる書類を作成できるような内部管理体制を構築しておくことが必要となる。この点，スタートアップでは，創業経営者はやはり自社のビジネスなどのフロント業務に注力するべきであるから，記帳代行や決算処理は税理士に一任することが多いと思われる。もっとも，フロント業務を行う経営者であっても，やはり現状の会社の財務状況については，常に把握しておく必要がある。

## (7)　その他問題になる法律等

　シード期後半からアーリー期になると，ビジネスの拡大に合わせてスタートアップでも正社員やアルバイトを採用することになる。従業員が増えてくると，会社としては労務関係の法律についても対応していく必要がある。例えば，労働基準法89条は「常時10人以上の労働者を使用する使用者は，次に掲げる事項について就業規則を作成し，行政官庁に届けなければならない」と規定しており，この「労働者」にはパートタイマーやアルバイトも含まれる。また，設立直後は基本的にもともと信頼関係のあるメンバーのみで会社を運営するケースが多いが，会社が成長すると，全く面識のない者を採用することも増えてくるため，労働条件通知書や雇用契約書でしっかり労務契約管理を行っていく必要がある。詳細は第4章（105頁）で記載する。

　さらに，VCから資金調達を受けるにあたり，VCが選定した者を新たな取締役として受け入れることが条件とされる場合がある。この段階で会社の機関設計の変更を行い，取締役会を設置するケースが多い。さらに，取締役会設置会社では監査役の設置が義務づけられるため（会社法327条2項），併せて監査役も選任しなければならない。機関設計の変更を行うには，定款変更のための株主総会決議を行った上で，登記を行う必要がある。

　さらに，自社プロダクトをローンチした場合，できるだけ早く，プロダクトのサービス名を商標登録する必要がある。日本の商標制度は原則として「先に登録したもの勝ち」であるため，多額の広告費によりせっかく自社プロダクト

が世間に認知されてきても，先に他社に同じサービス名の商標を登録された場合，自社はそのサービス名の商標権を取得できず，サービス名を変更しなければならなくなる。また，M&A によるイグジットを行うには，自社プロダクトのサービス名について商標権を取得していることが必須となる。いずれにせよ，スタートアップは早い段階で商標登録について弁理士に相談するべきである。

# 5　ミドル期からレイター期の法律問題

## ⑴　発生するイベントと問題になる法律

　この段階は，会社設立から10年〜15年くらいを想定している。例えば，プロダクトは世間で十分な認知を受け，収益が安定して上がっている段階である。また，何度かエクイティによる資金調達を受け，資金繰りもかなり安定してきている段階である。

　この段階で，いよいよ創業経営者は IPO によるイグジットを具体的に検討することになる。また，最近では必ずしも IPO によるイグジットに固執せず，M&A によるイグジットを積極的に検討する創業経営者も増えている。

　イグジットについては第 5 章（136頁）で詳細に記載するため，ここではミドル期からレイター期で生じうる法律問題について記載する。

## ⑵　機関設計の変更

　まず，何度か大規模な資金調達を受けた場合，会社の資本金が 5 億円を超えているケースがある。また，会社の成長により貸借対照表の金額も膨らんでいることが多く，貸借対照表の負債の額が100億円を超えている場合もある。

　事業年度末の資本金が 5 億円を超えている会社，または事業年度末の負債の額が100億円を超えている場合は，会社法上の「大会社」に該当することになる（会社法 2 条 6 号）。

　会社法上の大会社のうち，非上場会社（厳密には株式に譲渡制限を付している非公開会社）は，会計監査人を置かなければならない（会社法328条 2 項）。

会計監査人を置いた場合，毎決算期において，会計監査人の監査を受ける必要がある（同法396条1項）。具体的には，監査法人と会社法の監査契約を締結し，毎期の監査報告書を発行してもらう必要がある。会社法の監査対象会社になった場合，毎期の監査を受けなければならないという人的・時間的なコストの他に，監査法人への監査報酬も発生する（会社法監査の監査報酬としては，会社の規模にもよるが，概ね1年で300万〜1,000万円程になる）。

　会社法監査については，IPOの準備のための会計監査や，上場後の金融商品取引法に基づく法定監査に比べるとややマイナーであるため，気づいたら自社が会社法監査の対象になっていた，というケースもあるので要注意である。

　また，会社法監査の対象とならなくとも，IPOを行う場合は，証券取引所の規定等により，IPO申請前の段階で，原則として監査役会と会計監査人を設置しておく必要がある（監査役会設置会社ではなく，監査等委員会設置会社や指名委員会設置会社でも可）。この点も詳しくは第5章（141頁）で記載する。

## (3)　ストックオプションの付与

　IPOを目指すスタートアップは，遅くとも上場申請前において，会社の役員や従業員等に対し，ストックオプションを発行するケースが多い。ストックオプションとは，株式会社の役員や従業員が，自社の株式をあらかじめ定められた価格（行使価格）で取得できる権利であり，会社法上は「新株予約権」という。なお，会社法では「第3章　新株予約権」の236条以下で規定されている。

　株式会社がIPOを行えば，自社の株式は証券取引所で売買されることになる。したがってストックオプションの付与を受けた役員や従業員は，IPO後にストックオプションを行使し，行使価格と時価の差額を利益として受け取ることができる。

　ストックオプションについては第4章（129頁）で詳細に記載するが，スタートアップにおいては，役員や従業員に対する強烈なインセンティブになるため多用されている。

## (4) IPO に向けた内部統制・コーポレートガバナンス体制の整備

　IPO 準備において，スタートアップが最も労力を割くものの 1 つが，内部統制・コーポレートガバナンス体制の整備である。上場会社の株式は証券取引所で売買され，誰でも当該会社の株主となることができる。この点から上場会社は「パブリックカンパニー」と呼ばれている。パブリックカンパニーである上場会社では，法令や内部ルール（内部統制）に従い会社経営がなされる必要があり，これまでのような俗人的な経営や意思決定は徹底的に排除されることになる。例えば，会社の意思決定は取引金額に応じて，ルール化された稟議に従う必要があるし，会社に重要なイベントが発生すれば，適時開示としてすぐに市場に報告する必要がある。

　つまり，プライベートカンパニーであったスタートアップがパブリックカンパニーになるには，会社内における徹底的なルール化を行う必要があり，このルール化が上場準備における一大テーマである。

# 6 Q&A

## Q1
シードラウンドやシリーズ A など，最初のラウンドで放出する議決権はどの程度に抑えるべきでしょうか。

**A** 調達額，バリュエーション，創業者株主が維持したい議決権比率や，資本政策にもよるが，例えば最初のラウンドで30％以上の議決権を放出すると，後々のラウンドで放出する議決権を抑える必要が生じ，おもいきった資金調達ができなくなる場合がある。また，バリュエーションを低く抑えようとする投資家もいるので，この場合はそもそも出資を受けないことも検討するべきである。

一概にはいえないが，最初のラウンドで1億〜5億円くらいのバリュエーションが付いた場合には，15〜20％の議決権を放出するのが一般的なようである。

## Q2
設立直後ですが，役員や従業員にストックオプションを発行したいと考えています。何か問題はあるでしょうか。

**A** 設立直後のストックオプションは望ましいとはいえない。ストックオプションとは将来時点において，本来払い込むべき価額（時価）よりも低い価額で株式を取得できる権利であるところ，ストックオプションの権利者が低い価額で株式を取得するということは，既存株主がその分の損失を負担するということである。ストックオプションは会社の支出がないために，錬金術のような

使い方をされることがあるが，実質は既存株主からストックオプション行使者への富の移転が起こっており，本来は安易に発行されるべきではない。

　また，設立直後に従業員にストックオプションを発行すると，潜在株主（ストックオプションの行使により株主となる者）が増えてしまうが，後に参入する投資家などにとっては先行する潜在株主が多数いることは投資を敬遠する理由となりうる。

　さらに，事実上行使できるのは IPO の後であるが，設立直後の会社にとって IPO できるかどうかの判断は容易ではない。

　したがって，ストックオプションはある程度会社が成長し，かつ IPO の可能性が出てきた時点で発行するべきである。

　ストックオプションは有名な制度であり，かつ名称もスタイリッシュであるため，安易に発行したがる経営者がとても多いが，その機能や性質をしっかり理解するべきである。

## Q3

ミドル期やレイター期の会社ですが，IPO を検討しています。まず会社がやるべきことは何でしょうか。

**A**　まずは監査法人にショートレビューを依頼すべきである。IPO のためには，大きく①監査法人の上場の直前 2 期の法定の監査証明，②主幹事証券会社の引受審査，③証券取引所の上場審査が必要である。この点，もっとも事前準備が必要なのは，監査法人の上場直前 2 期の監査証明である。そして，ショートレビューとは，そもそも会社が監査法人の監査に耐えられるか，上場に向けて修正すべき課題は何か，また会社の現在の客観的な財政状態や経営成績はどのような状態かについて，監査法人がレポート方式により会社を評価してくれるものである。したがって，IPO に向けての第 1 歩目の手続といえるため，まずは監査法人にショートレビューを依頼すべきである。また，監査法人は通常，

複数の証券会社と付き合いがあるため，ショートレビュー後に，主幹事となってくれそうな証券会社を紹介してもらうことも可能である。

　なお，上場申請を行う事業年度を申請期やn期，申請期の1年前を直前期やn－1期（エヌマイナス1期），申請期の2年前を直前々期やn－2期という。ショートレビューの結果が上々であれば，その事業年度をn－2期として，上場のための法定監査を受けることができる（n－2期であっても，その後の上場準備の進み具合や業績によっては，n－1期に進めない場合も多い）。　なお，イグジットについては第5章（136頁）において詳細に解説する。

# 第4章

# 従業員の雇用と労務管理
## ～人と法律

　本章では，企業が人材に仕事を頼むときに理解すること
が必要不可欠となる，雇用と業務委託の違いや，雇用にま
つわる法律と企業が気をつけるべきポイント等について説
明を行う。

　例えば，業績が上がらず熱心に働かない社員がいたとし
ても，企業がこのような社員を解雇したり，減給したりす
るための法律上のハードルは非常に高く，企業の側から見
れば人を雇用することによるリスクの存在を軽視できない
状況となっている。これらの問題について，現行法を踏ま
えた上で，企業としてどのようなリスクヘッジを行うこと
が可能かといった点について解説をする。

　また，新型コロナウイルスの感染拡大により，自宅等で
インターネットを利用した遠隔作業により業務を行うテレ
ワークが急速に普及した。テレワークの導入により，従来
の労務関係とは異なる新たな現代的問題が発生しており，
企業としては早急にこれらの問題に対応する必要性に迫ら
れている。本章ではこれらのテレワークにまつわる法的問
題等についても説明を行う。

# 1 人を集める

## (1) 契約の重要性

　事業を始めるとき，最初から人と一緒に事業を始めることもあれば，途中で人を雇ったり，何かを外注したりすることもある。どのような場合であっても，誰かと一緒に事業を進めていくためには，何らかの契約（合意）が必要である。

　スタートアップにおいては，知人・友人に仕事を依頼する場合もあり，信頼関係があるという理由で，契約書を作成しなかったり，そもそも契約の内容をしっかり決めなかったりする例も多く見られる。しかし，同じ思いを持っている時や仲が良い時，事業がうまく行っている時には契約について問題が起きないことが多いが，途中で方向性に食い違いが出てきたり，仲が悪くなったりすると，契約の内容が問題になることはしばしば起こる。契約書は，そのような時のためにも，うまくいっている時にこそ作成しておくべきである。

## (2) 雇用か業務委託か

　人に仕事を依頼する場合によく受ける質問の1つに，契約は雇用にすべきか業務委託にすべきか，というものがある。業務委託契約の中には，主に請負契約に分類されるものと，準委任契約に分類されるものがあり，その性質によって適用される法条が異なるため，適切な類型を選択する必要がある。どのような場合に雇用契約を締結し，どのような場合に業務委託契約を締結すべきか，使用者（委託者）および被用者（受託者）にとってはどのようなメリット・デメリットがあるのか，以下で解説する。

## (3) 雇用契約（労働契約）
### ① 雇用契約（労働契約）とは

　雇用契約は，民法623条において，「当事者の一方が相手方に対して労働に従事することを約し，相手方がこれに対してその報酬を与えることを約する」も

のとされている。これに対して，労働契約は，法令上は雇用契約と区別して定められているものの，裁判例等においては区別されずに用いられることもあり，ほとんど同義で用いることができると考えられる。

　なお，経営者の中には「雇用契約」という名称であれば，労働契約には当たらないと思っている方もいるが，契約類型は実質的に判断されるため，「雇用契約」という名称であれば「労働契約」ではないというものではなく，締結している雇用契約は労働契約でもあって，当然に労働基準法等の適用対象となることを認識する必要がある。以下では，雇用契約が労働契約に当たることを前提として説明をしていく。

### ②　労働契約と業務委託契約の違い

　雇用と業務委託の一番の違いは，仕事を依頼している相手が雇い主または依頼主の指揮監督下にあるか否かである。つまり，雇用契約を締結していれば，仕事の進め方についてあれこれと指示して思いどおりに動いてもらえるし，業務委託契約であれば，納期に成果物を納品しさえすればその過程は問われないのである。

　ほかに労働契約と業務委託の相違点として，労働契約は一度締結すると使用者から一方的に解除することが困難であることが挙げられる。一定の契約期間を定めた有期労働契約であっても，期間満了時に更新しない場合に，合理的な理由が必要となることがある（いわゆる「雇止め」の問題）ため，労働契約を締結する際には慎重な検討を要する。

### ③　労働契約に関する法律

　労働契約は，労働基準法，労働契約法，職業安定法等，多くの法律で規律されている。これは，労働者が使用者と比べると立場が弱いこと，労働が生活の基礎をなす収入を得るために行われることが多いために，労働者を保護する必要性が高いからである。

　主な法規制については，下記「2　雇用にまつわる法律と注意点」において

詳しく説明する。

### ④　労働契約を締結すると

　労働契約を締結すると，就業規則および使用者の指揮監督下で労働を行わせることができる。他方で，契約当事者はそれぞれ使用者と労働者という立場になり，すでに述べたとおり，労働者が法令の強力な保護下に置かれることによって，契約を解消することが難しくなることを認識する必要がある。また，使用者は労働者の労働時間等を管理したり，労働者が安全に働ける環境を確保する義務を負う。

### (4)　業務委託契約
### ①　業務委託契約とは

　業務委託契約という契約は，まさに何らかの「業務」を他人に「委託」するものであって，広く利用することができる。しかし，民法や他の法律において，「業務委託契約」という契約類型が規定されているわけではない。業務委託契約とは，業務を委託する契約の総称である。

　業務委託契約の中には，その性質が民法上の請負契約であるもの，準委任契約であるもの，それ以外のものが存在する。

　請負契約は，「当事者の一方がある仕事を完成することを約し，相手方がその仕事の結果に対してその報酬を支払うことを約することによって，その効力を生ずる」（民法632条）と規定されている。ここにも明記されているとおり，請負契約では「仕事を完成」することが必要であり，原則として仕事の完成によって報酬を請求することができるようになる。

　他方で，準委任契約とは，当事者の一方が法律行為でない事務をすることを委託し，委託された側がこれを承諾することによって効力を生ずるものである。

　請負契約と準委任契約の大きな違いは，まさに仕事の完成を要件としているか否かである。例えば，建物を建設することを目的とした「建築請負契約」は代表的な請負契約であるし，コンサルタントによるコンサルティングや医師と

患者の契約は，仕事の完成を目的としない委託として準委任契約となることが多い。

　委託先との契約が請負にあたるか準委任にあたるかを区別することが重要なのは，受託者から報酬を請求された場合に，仕事が完成していないから報酬請求権が発生していないといえるかとか，受託者側になった時にどこまで終わったら契約上の義務を履行したといえるかという点で差異があるからである。

　また，請負の場合には契約不適合責任が問題になったり，契約の中途解約の場合の取扱いが異なったりする点も注意が必要である。

#### ②　業務委託契約に関する法律

　すでに述べたとおり，請負契約や準委任契約は民法に規定されているため，業務委託契約に関する一般的な規律は民法による。契約の性質が請負契約であれば，民法の請負契約に関する規定が適用され，性質が準委任契約であれば準委任契約に関する規定が適用される。（ただし，準委任契約の規定は，委任契約の規定を準用している。）

#### ③　業務委託契約を締結すると

　業務委託契約においては，委託者と受託者の間に雇用契約の場合のような指揮命令関係がなく，職場における就業規則の適用もない。労働時間等の管理を行わなくてもいい反面，受託者に業務に関する詳細な指示等は難しい場合もあり，依頼内容に即した契約形態を検討する必要がある。

## 2　雇用にまつわる法律と注意点

### (1)　雇用契約と労働条件通知

　雇用契約を締結して従業員を雇うとき，何を決めて，どのような書類を準備する必要があるのか。法律の定めから読み解こうとしても，複数の法令にわたって規定があり，すべてを抽出するのは難しい。厚生労働省のウェブサイト

などにもガイドライン等が記載されているが，ここではその内容について確認する。

　まず，従業員を雇うときに決めるべきことには次のようなものがある。

---

① 　契約の期間，就業場所および従事する業務の内容
② 　始業・終業時刻
③ 　賃金に関する事項
④ 　退職に関する事項（解雇事由を含む）
⑤ 　退職金に関する事項
⑥ 　賞与等に関する事項
⑦ 　労働者に負担させるべき作業用品等に関する事項
⑧ 　安全および衛生に関する事項
⑨ 　職業訓練に関する事項
⑩ 　災害補償および業務外の傷病扶助に関する事項
⑪ 　表彰および制裁に関する事項
⑫ 　休職に関する事項

---

　使用者は上記事項を労働契約の締結に際して，労働者に対して明示しなければならないとされている（労働基準法15条）。特に①から⑤については，書面を交付することが必要であったが，平成31（2019）年4月1日からは，労働者が希望した場合には，例外的に FAX や電子メール，SNS のメッセージ機能等でも明示できる[1]ようになった（ただし，出力して書面を作成できるものに限られる）。

　一般的に，労働契約の締結時に労働条件通知書のようなものを交付したり，契約書自体に上記の内容を記載したりして，必要事項について明示することが多い。

---

1　SNS による交付には，労働者が開設しているブログや，SNS の労働者のマイページにコメントを書き込む行為等，特定の個人がその入力する情報を電気通信を利用して第三者に閲覧させることに付随して，第三者が特定個人に対し情報を伝達することができる機能が提供されるものについては含まれないことに留意する必要がある。（平成30・12・28基発1228第15号厚生労働省労働基準局長通達「働き方改革を推進するための関係法律の整備に関する法律による改正後の労働基準法関係の解釈について」）

## (2)　契約期間

　労働者を雇い入れる際にまず決めるのは，契約期間である。3カ月，6カ月，1年間などの期間を定めて契約するのか，期間を定めずに契約するのかということになる。有期労働契約は，期間満了時に終了するか更新するかという選択肢がありうるため，実際に働いてみて人材を見たいという場合に使われることも多い。他方で，有期労働契約については，無期転換ルールとの関係で，一定の場合には雇止めが無効となるため，注意が必要である（労働契約法19条）。

## (3)　労働時間

　労働基準法32条1項，2項では，使用者は，1週間につき40時間，1日については8時間を超えて労働を「させてはならない」と規定しており，原則としてこれを超える労働（法定時間外労働）は禁じられている。いわゆる「残業」は契約における所定労働時間を超える業務と法定時間外労働のいずれも含む場合があるが，法定労働時間を超えて残業を行わせるためには労使間協定（いわゆる「36協定」）を締結し，所轄労働基準監督署長への届出を行う必要がある。したがって，36協定を締結せずに残業をさせることはできないことに留意しなければならない。36協定では，時間外労働を行う業務の種類や，時間外労働の上限等について決める必要がある。

　36協定に基づく時間外労働時間の上限は，原則として1カ月について45時間かつ1年について360時間（1年単位の変形労働時間制の場合には，1カ月について42時間かつ1年について320時間）となっている（労働基準法36条3項・4項）。例外的に，通常予見することのできない業務量の大幅な増加等に伴い臨時的に時間外労働の限度時間を超えて労働させる必要がある場合には，その場合の定めをして労働基準監督署長に届出することによって，時間外労働時間の上限を1年について720時間とすることができる（特別条項，労働基準法36条5項）。ただし，時間外労働と休日労働の合計が1カ月について100時間未満であることや，1カ月の時間外労働が45時間を超えられるのは年6カ月を限度とすること，2カ月から6カ月のすべての期間の平均が時間外労働と休日労働

を合計して80時間以内でなければならないことなどを遵守しなければならない（労働基準法36条6項）（**【図表4-1】**）。

**【図表4-1】　改正労働基準法における時間外労働時間の上限**

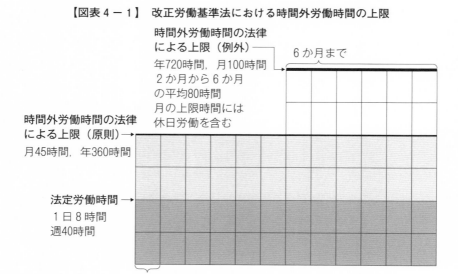

36協定は，令和3（2021）年4月から新様式になっているが，厚生労働省の運営するウェブサイト「スタートアップ労働条件」[2]において，そのまま出せる36協定届出書の作成支援ツール等が提供されている。

　所定労働時間の決め方については，例えば，9時から18時までの8時間（1時間は休憩時間）というように決められることが一般的である。所定労働時間は法定労働時間を超えることはできず，法定労働時間を超える部分は無効となる（労働基準法13条）。36協定がどのようなものか，110頁に厚生労働省の出している記載例を載せておくので，定めるべき内容を含めて参考にしてほしい。

　多様なライフスタイルやワークスタイルに応じて，変形労働時間制，フレッ

---

2　厚生労働省「事業者のための労務管理・安全衛生管理診断サイト　スタートアップ労働条件」https://www.startup-roudou.mhlw.go.jp/

クスタイム制，裁量労働時間制等の変則的な労働時間制を採用し，契約の内容とすることも可能である。

　変形労働時間制は，一定期間（１週間，１カ月間，１年間のいずれか）を平均し，１週間あたりの労働時間が法定の労働時間を超えない範囲内において，特定の日または週に法定労働時間を超えて労働させることができる（労働基準法32条の２第１項，32条の４第１項）。フレックスタイム制は，一定期間（３カ月以内）を平均し，１週間当たりの労働時間が法定の労働時間を超えない範囲内で，当該期間における総労働時間を定め，その範囲内で始業時刻および終業時刻を，労働者が自主的に決定することができる制度である。変形労働時間制やフレックスタイム制を採用する場合には，就業規則の定めや労使協定が必要になるので注意を要する。

　みなし労働時間制には，労働時間の算定が困難な場合に，原則として所定労働時間労働したものとみなす制度（事業場外みなし労働時間制）と，業務の内容によって，実際の労働時間数にかかわらず，労使協定（専門業務型裁量労働制の場合）または労使委員会（企画業務型裁量労働制の場合）で定めた労働時間数を働いたものとみなす裁量労働制がある（112頁の【**図表４－２**】）。

　ここで気をつけなければならないのは，フレックスタイム制や裁量労働制をとっていても，労働契約である以上，使用者は労働者の労働時間を管理し，記録する必要があることである。また，裁量労働制を採用していても，深夜残業や休日出勤の場合には残業代が発生するということについても注意が必要である。裁量労働制は，対象業種が限られていること，導入の手続等も特有のものが定められていること等にも注意して，必要に応じて慎重に導入するのが望ましい。

# ３６協定届の記載例
（様式第９号（第16条第１項関係））

◆３６協定で締結した内容を協定届（本様式）に転記して届け出てください。
　３６協定届（本様式）を用いて３６協定を締結することもできます。
　その場合には、記名押印又は署名など労使双方の合意があることが明らかとなるような方法により締結することが必要

時間外労働 に関す
休日労働

**表面**　　様式第９号（第16条第１項関係）

事業場（工場、支店、営業所等）ごとに協定してください。

| 事業の種類 | 事業の名称 |
|---|---|
| 金属製品製造業 | ○○金属工業株式会社　○○工場 |

対象期間が３か月を超える１年単位の変形労働時間制が適用される労働者については、②の欄に記載してください。

**時間外労働**

| | 時間外労働をさせる必要のある具体的事由 | 業務の種類 | 労働者数（満18歳以上の者） |
|---|---|---|---|
| ①下記②に該当しない労働者 | 受注の集中 | 設計 | 10人 |
| | 製品不具合への対応 | 検査 | 10人 |
| | 臨時の受注、納期変更 | 機械組立 | 20人 |
| ②１年単位の変形労働時間制により労働する労働者 | 月末の決算事務 | 経理 | 5人 |
| | 棚卸 | 購買 | 5人 |

事由は具体的に定めてください。

業務の範囲を細分化し、明確に定めてください。

労働者の過半数で組織する労働組合が無い場合には、３６協定の締結をする者を選ぶことを明確にした上で、投票・挙手等の方法で労働者の過半数代表者を選出し、選出方法を記載してください。使用者による指名や、使用者の意向に基づく選出は認められません。チェックボックスにチェックがない場合には、形式上の要件に適合している協定届とはなりません。

**休日労働**

| 休日労働をさせる必要のある具体的事由 | 業務の種類 | 労働者数（満18歳以上の者） |
|---|---|---|
| 受注の集中 | 設計 | 10人 |
| 臨時の受注、納期変更 | 機械組立 | 20人 |

上記で定める時間数にかかわらず、時間外労働及び休日労働を合算した時間数は、１箇月について100

協定の成立年月日　○○○○年 3 月 12 日

協定の当事者である労働組合（事業場の労働者の過半数で組織する労働組合）の名称又は労働者の過半数を代表

協定の当事者（労働者の過半数を代表する者の場合）の選出方法（ **投票による選挙**

上記協定の当事者である労働組合が事業場の全ての労働者の過半数で組織する労働組合である又は上記協定の

上記労働者の過半数を代表する者が、労働基準法第41条第２号に規定する監督又は管理の地位にある者でな
る手続により選出された者であって使用者の意向に基づき選出されたものでないこと。☑（チェックボックス

○○○○年 3 月 15 日

旧様式で届け出る場合は、点線枠内の記載を余白に追記するか、点線枠内の記載を転記した紙を添付してください。

○ ○　　労働基準監督署長殿

出所：厚生労働省「36協定届が新しくなります」

労働時間の延長及び休日の労働は必要最小限にとどめられるべきであり、労使当事者はこのことに十分留意した上で協定するようにしてください。
なお、使用者は協定した時間数の範囲内で労働させた場合であっても、労働契約法第5条に基づく安全配慮義務を負います。

◆ 36協定の届出は電子申請でも行うことができます。
◆ （任意）の欄は、記載しなくても構いません。

です。必要事項の記載があれば、協定届様式以外の形式でも届出できます。

| る協定届 | 労働保険番号 | □ □ □ □ □ □ □ □ □ □ □ □ □ □ |
|---|---|---|
| | | 都道府県 所掌 管轄 基幹番号 枝番号 統一事業場番号 |
| | 法人番号 | □ □ □ □ □ □ □ □ □ □ □ □ □ |

労働保険番号・法人番号を記載してください。

| 事業の所在地（電話番号） | 協定の有効期間 |
|---|---|
| （〒○○○－○○○○）<br>○○市○○町1－2－3 （電話番号：○○○－○○○○－○○○○） | ○○○○年4月1日から1年間 |

この協定が有効となる期間を定めてください。1年間とすることが望ましいです。

| 所定労働時間<br>（1日）<br>（任意） | 1日 | | 延長することができる時間数 | | | |
|---|---|---|---|---|---|---|
| | | | 1箇月（①については45時間まで、②については42時間まで） | | 1年（①については360時間まで、②については320時間まで）<br>起算日（年月日） ○○○○年4月1日 | |
| | 法定労働時間を超える時間数 | 所定労働時間を超える時間数（任意） | 法定労働時間を超える時間数 | 所定労働時間を超える時間数（任意） | 法定労働時間を超える時間数 | 所定労働時間を超える時間数（任意） |
| 7.5時間 | 3時間 | 3.5時間 | 30時間 | 40時間 | 250時間 | 370時間 |
| 7.5時間 | 2時間 | 2.5時間 | 15時間 | 25時間 | 150時間 | 270時間 |
| 7.5時間 | 2時間 | 2.5時間 | 15時間 | 25時間 | 150時間 | 270時間 |
| | | | | | | |
| 7.5時間 | 3時間 | 3.5時間 | 20時間 | 30時間 | 200時間 | 320時間 |
| 7.5時間 | 3時間 | 3.5時間 | 20時間 | 30時間 | 200時間 | 320時間 |

1年間の上限時間を計算する際の起算日を記載してください。その1年間においては協定の有効期間にかかわらず、起算日は同一の日である必要があります。

1日の法定労働時間を超える時間数を定めてください。

1か月の法定労働時間を超える時間数を定めてください。①は45時間以内、②は42時間以内です。

1年の法定労働時間を超える時間数を定めてください。①は360時間以内、②は320時間以内です。

| 所定休日<br>（任意） | 労働させることができる<br>法定休日の日数 | 労働させることができる法定休日における始業及び終業の時刻 |
|---|---|---|
| 土日祝日 | 1か月に1日 | 8:30〜17:30 |
| 土日祝日 | 1か月に1日 | 8:30〜17:30 |

時間未満でなければならず、かつ2箇月から6箇月までを平均して80時間を超過しないこと。☑
（チェックボックスに要チェック）

| する者の | 職名 **検査課主任**<br>氏名 **山田花子** |

管理監督者は労働者代表にはなれません。

協定書を兼ねる場合には、労働者代表の署名又は記名・押印などが必要です。

当事者である労働者の過半数を代表する者が事業場の全ての労働者の過半数を代表する者であること。☑
（チェックボックスに要チェック）

く、かつ、同法に規定する協定等をする者を選出することを明らかにして実施される投票、挙手等の方法によ
に要チェック）

| 使用者 | 職名 **工場長**<br>氏名 **田中太郎** |

協定書を兼ねる場合には、使用者の署名又は記名・押印などが必要です。

時間外労働と法定休日労働を合計した時間数は、月100時間未満、2〜6か月平均80時間以内でなければいけません。これを労使で確認の上、必ずチェックを入れてください。チェックボックスにチェックがない場合には、有効な協定届とはなりません。

【図表4－2】　労働時間の種類・定め方

| 制　度 | 必要な定め | 効　果 |
|---|---|---|
| 変形労働時間制 | 労使協定または就業規則等の定め | 一定期間の労働時間を平均して，１週間あたりの労働時間が法定の労働時間を超えない範囲内において，特定の日または週に法定労働時間を超えて労働させることができる。 |
| フレックスタイム制 | 就業規則等による制度導入の定め | 一定期間（１カ月以内）を平均し，１週間あたりの労働時間が法定の労働時間を超えない範囲内で，当該期間における総労働時間を定め，その範囲内で始業時刻および終業時刻を，労働者が自主的に決定することができる。 |
| 事業場外みなし労働時間制 | みなし労働時間が１日８時間を超える場合等には労使協定における定め | 労働時間の算定が困難な場合に，原則として所定労働時間労働したものとみなす。 |
| 専門業務型裁量労働制 | 労使協定における時間の定め | 実際の労働時間にかかわらず，あらかじめ労使協定で定めた時間働いたものとみなす。 |
| 企画業務型裁量労働制 | 労使委員会による時間の定め | 実際の労働時間にかかわらず，労使委員会の決議で定めた時間労働したものとみなす。 |

## (4)　賃金・賞与・退職金

### ①　賃金構成

　労働基準法上の賃金とは，「賃金，給料，手当，賞与その他名称の如何に関わらず，労働の対償として使用者が労働者に支払うすべてのもの」とされている（労基法11条）。労働の対償とならないものとしては，任意的恩恵給付，福利厚生給付，企業設備・業務費が挙げられているが，労働協約，就業規則，労働契約により支給条件が明確に定められているものについては，賃金として扱われる。賃金の構成は会社によって様々であるが，基本給，家族手当，皆勤手当，通勤手当，役職手当，住宅手当，残業手当のような手当が支給される会社が多

いであろう。

　賃金額をどのように定めるかは，求人ないし採用の段階においては会社の裁量ではあるが，一度労働者と合意した条件は容易には変更できないため，高めの賃金設定をする場合は注意が必要である。

　一方で，賃金を低めに設定したい場合であっても，最低賃金を下回ってはならない。最低賃金には各都道府県ごとに定められた「地域別最低賃金」と特定の産業ごとに定められた「特定最低賃金」があり，いずれか高いほうの最低賃金額以上の賃金を支払わなければならないため，心配な場合は以下の厚生労働省のホームページなどで確認することをおすすめする[3]。

　また，残業手当，時間外手当，深夜手当，休日手当といった時間外労働の対価である手当については，支給要件に該当する場合には必ず支給しなければならない。残業手当に関しては，基本給の中にあらかじめ一定額の残業代を含ませたり，他の名称の手当を固定残業代として支給したりすることも考えられるが，このような手法を取る場合の留意点やリスクについては後述する。

## ②　賃金の支払についての大原則

　賃金は，「通貨で」「直接」「全額」（労基法24条第1項）を，「毎月一回以上，一定の期日を定めて」（労基法24条2項）支払わなければならないとされている。

　ここでいう「通貨」は日本円を指し，外貨や小切手，仮想通貨での支払は原則として許容されていない。ただし，「法令若しくは労働協約に別段の定めがある場合又は厚生労働省令で定める賃金について確実な支払の方法で厚生労働省令で定めるものによる場合においては，通貨以外のもので」（労基法24条1項ただし書き）賃金を支払ってもよいとされている。例えば，預金口座への振込みなどである（平成10年9月10日基発529号厚生労働省労働基準局長通知「労働基準法施行規則の一部を改正する省令の施行について」）。

---

　3　厚生労働省「地域別最低賃金の全国一覧」
　　https://www.mhlw.go.jp/stf/seisakunitsuite/bunya/koyou_roudou/roudoukijun/minimumichiran/

　「直接」支払うというのは，賃金は労働者本人に支払わなければならないということであり，未成年労働者の親権者やその他の法定代理人や労働者の委任を受けた任意代理人への支払は，原則として直接払い原則の違反となる。

　「全額」を支払うというのは，例えば会社が労働者に対して貸付金や損害賠償請求権を有していたとしても，これを会社の判断で賃金と相殺するなど，すでに発生している賃金を一部しか支払わないという処理は許されないということを意味する。全額払いにも例外があり，「法令に別段の定めがある場合又は当該事業場の労働者の過半数で組織する労働組合があるときはその労働組合，労働者の過半数で組織する労働組合がないときは労働者の過半数を代表する者との書面による協定がある場合においては，賃金の一部を控除して支払うことができる」（労基法24条1項ただし書き）とされている。「法令に別段の定めがある場合」の典型例としては，税金や健康保険料，社会保険料等の天引きが挙げられる。

　「毎月一回以上」の支払に関しては，「臨時に支払われる賃金，賞与その他これに準ずるもので厚生労働省令で定める賃金」が例外とされているため，一般的に行われている年に1〜2回賞与を支給するといった制度は当然ながら適法である。いわゆる年俸制を採用した場合であっても，支給については「毎月1回以上」行わなければならないため，1年分を1度にまとめて支払うことは許容されていない。

### ③　賞与

　賞与を支給する会社は多く，労働者においても支給されることを期待している場合が多いが，法律上は必ず支給しなければならないものではない。ただし，就業規則や雇用契約書において支給する旨を明記した場合には支給義務が発生するため，「賞与を支払うことがある」といった記載に留めているケースも多い。

　賞与の算定時期に会社に在籍していたとしても賞与の支給日に在籍していない場合は賞与を支給しない旨の，いわゆる支給日在籍要件については，賞与の

支給日が例年より遅れた場合に支給日在籍要件は適用されないとした裁判例（最判昭和60年3月12日労経速1226号25頁）のように，一部例外はあるものの，基本的には適法であると考えられており，実際にこのような定めを置いている会社も多い。ただし，節税目的で年末賞与を支給する場合には，支給日在籍要件を定めてしまうと損金算入の要件を満たさず，目的が達成できなくなる可能性が高いため注意が必要である。

④　退職金

　法律上，退職金の支給は義務づけられているわけではない。しかし，就業規則等において退職金を支給することおよび支給基準の定めを置いた場合は，賃金に当たり支給条件を満たす労働者については退職金請求権が発生し，会社には退職金を支給する義務が発生する。

　就業規則の作成・届出が義務づけられている規模の会社については，「退職手当の定めをする場合においては，適用される労働者の範囲，退職手当の決定，計算及び支払の方法並びに退職手当の支払の時期に関する事項」を就業規則に記載しなければならない（労基法89条3号の2）。

　ところで，退職金は，「退職一時金」と「企業年金」に大別できる。

　退職一時金は，退職時に一括で支給される退職金であり，雇用主である会社が直接労働者に対して支給するという最もシンプルなタイプのものの他，中小企業退職金共済などの共済と契約を結び，会社が毎月共済に対して掛け金を支払っておくことにより，共済から退職金が支給されるというものもある。企業年金は一定額を定期的に年金として支給される退職金であり，例としては確定拠出年金などが挙げられる。

　労働者を懲戒解雇した場合に，会社としては退職金を支給したくないと考えることも多いであろうが，このような取扱いをするための前提として，懲戒解雇した労働者に対しては退職金を不支給とする旨を就業規則等に定めておくことが必要である。また，このような定めがあり，懲戒解雇が有効となるような重大な非違行為を労働者が行った場合でも，ただちに退職金全額を不支給とし

てよいとは限らないため注意が必要である。例えば，痴漢行為を行い迷惑防止
条例違反で有罪判決を受け，懲戒解雇された労働者について会社が規定に基づ
き退職金を不支給としたものの，当該労働者が退職金を請求したケース（東京
高判平成15年12月11日判時1853号145頁）では，3割の退職金を支給するべきで
あるという判断がされている。

　裁判例によって若干バラつきはあるものの，懲戒解雇の原因となった行為の
悪質性や，会社に与えた損害の程度等を総合的に考慮して，全体の何割の退職
金を支給すべきであるかが判断されることになる場合が多い。懲戒解雇が適法
に行われている時点で，労働者に相当重大な非違行為があるにもかかわらず上
記のような実情であるから，全部不支給については慎重に行う必要があろう。

### (5)　労働契約の終了

　労働者に，採用時に見込んだような能力がなかったとき，他の従業員との関
係で問題を起こしたときなど，会社は雇用契約を終了させたいと思うことも少
なくない。労働契約の終了は，労働者の申入れによる終了，使用者と労働者で
合意することによる終了，期間満了による終了，使用者が一方的に契約を終了
させる場合などがある。この使用者が一方的に雇用契約を終了させることが
「解雇」である。わが国においては，労働者の権利が非常に強力であるといわ
れるが，解雇はどのような場合に行うことができるのかを疑問に思う経営者は
多い。解雇の有効性については，「4(3)　解雇に関する問題」において詳述す
る。

### ①　申入れによる終了

　期間の定めのない雇用の場合，民法上期間の定めのない雇用契約となるため，
各当事者はいつでも解約の申入れをすることができ，解約の申入れから2週間
を経過することによって雇用は終了する（民法627条1項）。使用者からの解約
申入れは，期間によって報酬を定めた場合には，次期以後についてのみするこ
とができ，その解約の申入れは，当期の前半にしなければならず（民法627条2

項），6カ月以上の期間によって報酬を定めた場合には解約の申入れは3か月前にしなければならない（民法627条3項）。

## ②　合意による終了

　契約は当事者間の合意によって成立するものであるので，雇用契約の終了について使用者と労働者が合意した場合には，雇用契約は終了する。

　退職勧奨は，労働者の自発的な退職を促すため，使用者が労働者に働きかける行為をいい，これを規制する直接の法律があるわけではない。使用者は任意にこれを行うことができるが，労働者側としても，退職勧奨に応じる義務はなく，応じるか否か自由に意思決定できる。

　労働者が退職勧奨に応じたとしても，退職勧奨の態様や具体的な状況から，退職の意思表示が労働者の自由な意思決定の結果であるかどうかが問題になることが少なくない。また，「退職勧奨の態様が，労働者の退職についての自由な意思決定を困難にするものだったと認められるような場合には，当該退職勧奨は労働者の退職に関する自己決定権を侵害するものとして違法性を有し，使用者は，当該退職勧奨を受けた労働者に対し，不法行為に基づく損害賠償義務を負う」（東京高判平成24年10月31日労経速2172号3頁）とした判例もあるため，態様には十分注意して行う必要がある。

## ③　期間満了による終了

　契約期間の定めがある有期雇用契約の場合，契約期間の満了に伴い，契約を終了することができる。ただし，有期雇用契約が更新されて通算5年を超えたときは，労働者の申込みにより期間の定めのない契約に転換できる，いわゆる無期転換ルールが適用されるため注意が必要である。

## ④　解雇による終了

　解雇はその性質上，普通解雇，懲戒解雇，整理解雇に分けられる。

　普通解雇は，民法628条に基づいてやむを得ない事由がある場合に行う，使

用者側からの一方的な契約解除である。懲戒解雇は，雇用契約または就業規則に定められた懲戒事由に労働者が該当する場合に，労働者への制裁として行われる。整理解雇は，経営難や事業縮小に伴って，使用者側の事情で行われるものであり，いわゆる「リストラ」も整理解雇に当たる。

解雇は，客観的に合理的な理由を欠き，社会通念上相当であると認められない場合には，権利濫用として無効となる（解雇権濫用法理）。この点については，「4 (3) 解雇に関する問題」で詳述する。

# 3　テレワーク

## (1)　テレワークの意義

厚生労働省が用いている定義によれば，テレワークとは，「情報通信技術（ICT = Information and Communication Technology）を活用した時間や場所を有効に活用できる柔軟な働き方」のことであり，Tel（離れて）と Work（仕事）を組み合わせた造語である。いわゆる在宅勤務も，テレワークの一種である。

テレワークは，労働者にとってはワークライフバランスを向上させることができ，会社にとっては人材確保の幅が広がったり，オフィススペースの削減によるコストカットができたりするというメリットがある。また，大規模災害や感染症の流行によりオフィスへの出勤が困難となった場合でも，テレワーク環境を整備しておくことによって，会社事業への影響を抑えることができる。

このような理由から，近年，在宅勤務を含むいわゆるテレワークを導入する企業が増えており，ベンチャー企業においても広く導入されている。

## (2)　規定の整備

テレワークを導入するにあたり，就業規則の変更は法的には必ずしも必要ではないが，テレワークを導入する際に，フレックスタイム制や事業場外みなし労働時間制といった，労働時間に関わる制度を新たに導入することも多く，こ

の場合は当該制度に関して，就業規則の変更や労使協定が必要となる。

　また，テレワークには，特有の服務規律やトラブルといったものが想定される。例えば，テレワーク中は実際の勤務状況について会社が把握しにくいため，情報セキュリティ面での規律をどうするかといったことや，テレワーク中に労働者が業務上負担した消耗品の費用の負担をどのように扱うかといったことなどである。このような事項を整理し，混乱を防止するという意味でも，極力就業規則にテレワークに関する事項を記載することが望ましい。

　厚生労働省が公開している「テレワークモデル就業規則」が参考になる。

### (3)　労働時間の管理

　テレワークであっても，会社としては労働時間の管理を行う必要がある。メールやチャット等で始業・終業の報告をする方法や，勤怠管理ツールを導入する方法など，やり方は様々であろうが，労働時間の記録が残るような方法を取ったうえで，運用について労働者に周知徹底することが重要である。

　テレワークにおける労働時間の管理というと，会社としては労働者がさぼっていないかという点に目が行きがちであり，当然これも重要な点ではあるが，逆に自宅などで気軽に仕事ができるが故に，長時間労働に及びがちな側面もあるため，適宜指導を行い，場合によっては社内システムへのアクセスを制限するなどの対策を講じることが考えられる。

## 4　よくある問題の傾向と対策

### (1)　残業代に関する問題
#### ①　原則論

　残業代の問題は，スタートアップ企業が労務体制を構築していくにあたり，重要な検討事項であるが，おざなりにされることも少なくない。

　創業段階や，企業規模が小さい段階においては制度構築や運用をおろそかにしていてもそれほど問題が発生しないことも多いが，企業が成長し，IPOを目

指す段階において思わぬ大きな問題となるリスクもあるため，早い段階で正しい理解と適切な制度構築を行うことが重要である。

　前提として，わが国においては，そもそも1日8時間，1週間40時間を超えた「法定時間外労働」は原則としては行えないこととされており（労基法32条1項・2項），法定時間外労働や休日労働を行わせるには36協定の締結と労働基準監督署への届出が必要であることはすでに述べたとおりである。

　労働者が会社で定めた所定労働時間を超えて労働した場合や，1日8時間，1週間40時間を超えて労働した場合には，会社は残業代を支払わなければならないのが原則である（労基法37条1項）。

　残業手当の不払いは，労働基準法違反として，6カ月以下の懲役または30万円以下の罰金に処せられる可能性があり（労基法119条，37条），実際に刑事事件として立件されているケースもある。

　労働時間や割増賃金については様々な制度があるが，注意点もあるため，以下，残業代の計算方法を含め概説する。

## ②　残業代の計算方法

　残業代は，「1時間あたりの賃金×残業時間×割増率」で計算される。

### (i)　1時間あたりの賃金

　「1カ月の賃金÷1カ月あたりの平均所定労働時間（月によって異なる場合には1年間における1か月の平均所定労働時間）」により計算されるが，労働者に対して支給されている賃金のすべてが「1カ月の賃金」として残業代算定の基礎となるわけではなく，労基法上算定の基礎から除外される賃金（除外賃金）が存在する。

　具体的には，以下の賃金については除外賃金とされている（労働法37条5項，同法施行規則21条）。これらの除外賃金は限定列挙であるため，該当しない賃金については全て残業代算定の基礎となる。

【除外賃金とされるもの】

> 家族手当，通勤手当，別居手当，子女教育手当，住宅手当，臨時に支払われた賃金，1カ月を超える期間ごとに支払われる賃金

　これらの手当ないし賃金は，前記のような名称が付されていれば直ちに除外賃金に該当するというわけではなく，実態が伴っていない場合には除外賃金に該当しないことがある。例えば，個別の労働者が実際に負担している交通費の金額に関わらず一律の金額で支給する通勤手当や，実際に扶養している家族の人数等に関係なく一律の金額で家族手当を支給しているような場合は，それらの手当について除外賃金にあたらないと考えられているため，賃金額の決定にあたっても要注意である。


(ii)　残業時間

　前記のとおり，原則として1日8時間，1週間40時間を超えて労働した時間が残業時間となる。


(iii)　割増率

　法定時間外労働については1.25倍，法定休日労働については1.35倍が法定の割増率である（【図表4－3】）。

　また，法定時間外労働が1カ月あたり60時間を超えた場合には超えた時間については1.50倍となる。この1.50倍の割増率は，中小企業については適用を猶予されており（労基法附則138条），法定時間外労働が1カ月あたり60時間を超えた場合でも1.25倍の割増率で残業代を支給すれば適法であるが，令和5年4月以降は中小企業も1.50倍の割増率で残業代を支給する必要がある。

　深夜労働（午後10時から午前5時までの間の労働）がある場合には別途1.25倍の割増となる。

　なお，前記は法定時間外労働についての割増率であるが，使用者が定める所定労働時間が8時間未満である場合に発生する法定時間内の残業については，

割増賃金は発生せず，通常の1時間当たりの賃金の1.0倍である。

　使用者において，上記法定の割増率を超える割増率を定めることは可能であるが，法定の割増率を下回る割増率にすることはできない。

【図表4－3】　割増率

| 残業の内容 | 割増率 |
|---|---|
| 法定時間内の残業 | 1.0 |
| 法定時間外労働（1カ月60時間以内） | 1.25 |
| 法定時間外労働（1カ月60時間超え）※ | 1.5 |
| 法定休日労働 | 1.35 |
| 深夜労働 | 1.25 |
| 法定時間外労働（1カ月60時間以内)＋深夜労働 | 1.5 |
| 休日労働＋深夜労働 | 1.6 |

※中小企業については令和5（2023）年4月1日まで猶予

### ③　固定残業代

　固定残業代制度は，労働者に支給する賃金にあらかじめ一定額の残業代を含ませておく制度である。「基本給」の中に一定額の残業代を含ませる方法や，「○○手当」といった名称で支給する手当を固定残業代とする方法がある。

　前記のとおり，残業代の支給については割増率等が労基法において厳格に規定されており，労基法に定められた水準を下回る残業代しか支給しないことは違法である。つまり，固定残業代を支給していたとしても，各労働者の実際の残業時間から計算される残業代が固定残業代を上回っている場合には会社は差額を別途支給する義務があるということである。

　したがって，固定残業代制度を採用したからといって残業代を節約できるということはないはずであるが，固定残業代制度を導入する会社は多いのが実情である。固定残業代を支給していることを理由に，労基法所定の計算方法に基づく残業代との差額を支給せず，結果的に残業代を「節約」している企業も存

在しているが，これはいわば固定残業代制度の悪用であり，違法である。

　適法な運用を行うという前提に立てば，固定残業代制度導入の意義は，見た目の賃金額が高くなることによって人材募集の際の訴求力を高められる可能性，労働時間を増やしても法定の残業代が固定残業代を上回らない限り追加での残業代支給が受けられないということによる長時間労働の抑制，給与計算の事務処理負担の軽減といったところになるであろう。

　ところで，固定残業代については，多数の裁判例においてその有効性が争われているところである。会社が固定残業代のつもりで手当を支給していても，法的には残業代の支払として認められない場合がある。当該手当が残業代の支払とはいえないと判断されてしまった場合，残業代は全く支払われていないということになり，会社はそれまで支払っていた固定残業代に加えて法定の残業代を全額支払う義務を負うこととなる。しかも，このようなケースでは当該手当が法定の残業代計算の基礎となる賃金に含まれてしまうことが多く，単純に残業代を支払っていなかった場合よりも多額の残業代を支払うことになってしまうため，会社は大きなダメージを受けることとなる。このように，固定残業代制度は適切な方法で規定しないと大きなリスクを負うことになる。

**【図表 4 − 4】　固定残業代の有効性についての判断基準**

| 明確区分性 | 割増賃金相当部分をそれ以外の賃金部分から明確に区別することができるかどうか（労働者において区別が可能であることが望ましい）。 |
| --- | --- |
| 対価性 | 時間外労働の対価という趣旨で支払われているかどうか。 |
| 差額支払の有無 | 法定の残業代が固定残業代を上回った場合に，差額が支給されているかどうか。 |

　固定残業代の有効性については，裁判例上概ね以下のような観点から判断されている（【図表 4 − 4】）。

　事案ごとの個別の事情によって判断されているところもあり，図表内の 3 点はそれぞれが必須の「要件」というわけではないが，特に明確区分性を欠いて

いる場合には無効と判断されることがほとんどであると思われる。

　固定残業代が無効と判断されないためには，雇用契約書や就業規則において，何時間分の時間外労働としていくらを固定残業代として支払うのかを明記することが肝要である。

### ④　管理監督者

　従業員が，労基法41条2号に定められた「監督若しくは管理の地位にある者」（管理監督者）に該当する場合は，休日・深夜労働の割増賃金を除き，残業代を支払う必要はない。したがって，従業員が管理監督者に該当すれば会社側はかなりの割合の割増賃金の支払を免れることができるため，従業員が管理監督者に当たるという主張を会社がすることは多いが，管理監督者性が争われた事例で，管理監督者性が肯定された裁判例は多くない。

　管理監督者については，「一般的には局長，部長，工場長等労働条件の決定，その他労務管理について経営者と一体的な立場に在る者の意であるが，名称にとらわれず出社退社等について厳格な制限を受けない者について実体的に判別すべきものである」（昭和22年9月13日基発17号労働次官通達「労働基準法の施行に関する件」，昭和63年3月14日基発150号労働省労働基準局長通達「労働基準法関係解釈例規について」）とされている。係る判断に当たり，判例上は，経営に関する決定に参画し，労務管理に関する指揮監督権限を有していること，自己の出退勤時刻や業務時間に対する裁量を有していること，その地位と権限にふさわしい賃金を受け取っていること等が必要であるとされている。

　労基法上の管理監督者に該当するかどうかは，前記のとおり，実態に即して判断されるものであり，名称が「マネージャー」「部長」「課長」など，世間で言う管理職にあたることのみでは管理監督者に該当するとはいえず，管理監督者であるということについて，入社時などに当該労働者と会社が合意をしていた場合であっても同様である。

　管理監督者であるという認識のもと，高額の給与を支払っていた労働者が，実際は管理監督者には当たらないとなった場合，残業代も給与額に従って高額

になるおそれがあるため，当該労働者が本当に管理監督者といえるかについては慎重な検討が必要である。

## ⑤　労働時間に関する特別な制度

　残業代の金額に影響する制度として，裁量労働制，事業場外みなし労働時間制，高度プロフェッショナル制度，変形労働時間制が挙げられる。

　裁量労働制には「専門業務型裁量労働制」と「企画業務型裁量労働制」があるが，いずれも実際の労働時間にかかわらず，事前に設定された時間数が労働時間とみなされる制度である。裁量労働制の導入によって，深夜労働や休日労働の割増賃金以外の残業代は基本的に発生しないこととなる。

　事業場外みなし労働時間制は，労働者の業務が会社の外で行われるために会社が労働者の労働時間を把握することが難しい場合に，あらかじめ決められた時間働いたものとみなす制度である。

　高度プロフェッショナル制度とは，高度の専門的知識等を有し，職務の範囲が明確で一定の年収要件を満たす労働者を対象として，労使委員会の決議および労働者本人の同意を前提として，年間104日以上の休日確保措置や健康管理時間の状況に応じた健康・福祉確保措置等を講ずることにより，労基法に定められた労働時間，休憩，休日及び深夜の割増賃金に関する規定を適用しない制度である。

　変形労働時間制とは，1日8時間の原則にとらわれず，月単位や年単位で労働時間を調整し，繁忙期に労働時間を増やし，閑散期に労働時間を減らすといったことが可能な制度である。

　これらの制度は導入により残業代が節約できる場合があるため，会社にとってメリットは大きいが，裁量労働制や高度プロフェッショナル制度については適用できる職種が限定されている。

　事業場外みなし労働時間制については，そもそも制度上想定されている，労働者の労働時間を把握することが難しい場合というのが現在においては減少傾向にあり，今後も通信機器等によって労働時間の把握はより容易になっていく

と思われるため，適用できるケースはかなり限定されてくるであろう。これについては，海外旅行ツアーに同行する登録型派遣添乗員について，業務に関する指示，業務報告の体制，勤務の実態等を総合的に考慮した結果，事業場外みなし労働時間制の適用を否定した例（最判平成26年1月24日裁判集民246号1頁）が有名である。

## ⑥　まとめ

　以上のように，残業代を削減することについては，それぞれの手法について一定の法的ハードルがあるため，どこまでが適法に導入・運用可能かを慎重に検討し，就業規則等の周知を適切に行うことが必要である。

　また，労働時間が必要以上に長時間にならないよう業務の効率化を図ることや，労働者の労働時間の管理を適切に管理し，あまりに労働時間が長い場合には実態の調査や指導を行うといった基本的なことも疎かにしてはならない。実際に，「労働者が不要な残業をしていた」「会社は残業を指示していない」といった主張が裁判においてなされることがしばしばあるが，タイムカード等の客観的な労働時間の記録があり，それらが日々会社に提出されていたという状況においては，このような主張は労働者への指導を行った証拠などと共に具体的に行わなければかなり苦しいものとなってしまうであろう。

## ⑵　ハラスメントに関する問題
## ①　ハラスメントとは

　ハラスメント（harassment）は，直訳すると迷惑行為，嫌がらせという意味である。わが国の労務分野においては，職場の人間関係の中で起こる様々な言動がその受け手に精神的損害等を与える場合に，当該行為を指して使われる。セクシュアルハラスメント（セクハラ），パワーハラスメント（パワハラ），マタニティハラスメント（マタハラ）などが代表的である。

## ②　ハラスメントを未然に防ぐ使用者の義務

　男女雇用機会均等法や労働施策総合推進法（以下，「パワハラ防止法」という）等の定めによって，使用者は労働者の就業環境が害されるのを防ぐ，いわゆるハラスメント防止措置義務を負っている。この措置義務に違反すると，行政による助言・指導・勧告，行政による報告の請求，勧告に従わなかった企業名の公表（パワハラ防止法33条〜36条），報告をしないまたは虚偽の報告を行う等の行為がある場合には20万円以下の過料等も定められている（パワハラ防止法41条等）ため，十分留意する必要がある。

　特に，使用者がハラスメントにあたらないと認識しているようなことでも，ハラスメントにあたるかどうかは平均的な労働者の感覚を基準として判断されることになるため，決めつけや思い込みで処理しないように留意しなければならない。厚生労働省から，パワーハラスメントに関して雇用管理上講ずべき措置等に関する指針[4]（いわゆるパワハラ指針）も出ており，パワハラとは何か，特定の行為がパワハラに当たるのかを判断する際に参考になる。

## ③　ハラスメントが発生した場合の企業側の対応

　ハラスメントが発生した場合にとりうる対応は，あらかじめ決めておく必要がある。例えば，ハラスメントを発見するために被害にあった従業員が利用できる通報窓口を設置したり，就業規則にハラスメントに関する規定や懲戒事由としての定めを置いたりしておくことが考えられる。では，実際にハラスメントが発生した場合，企業はどのように対応すればよいのだろうか。

　ハラスメント発覚の端緒としては，ハラスメントを受けている者からの告発や，ハラスメントを目撃した者からの通報等が考えられる。このようなきっかけで，使用者側やマネジメント層がハラスメントの存在またはその疑いを認識した場合，まず事実関係を確認する必要がある。その方法としては，当事者および目撃者からのヒアリングや，メールや社内のイントラネットなどに証拠が残っているかの確認，残っている場合にはその確認・確保が挙げられる。

---

4　https://www.mhlw.go.jp/content/11900000/000605661.pdf

その上で，実際にハラスメントがあった場合には，加害当事者に対する人事権の発動や懲戒等を行うことがありうる。もっとも，加害当事者側も労働者としての権利を有しているため，当該労働者の権利を侵害しないように注意する必要がある。

告発や通報の窓口，ハラスメントが存在した場合の対応のみならず，その通報窓口の運用や発覚後のフローについても事前に具体的に決めておく必要があり，弁護士等の専門家を交えて慎重に進めるのがよい。

### (3) 解雇に関する問題

解雇権濫用法理が，①解雇は客観的に合理的な理由を欠き，②社会通念上相当であると認められない場合には権利濫用として無効となるという法理であることはすでに説明したとおりである。この法理は，判例上確立され，現在は労働契約法16条に明記されている。解雇が無効と判断されると，使用者が解雇していた期間の賃金請求権が労働者に発生する（バックペイ）。バックペイには，基本給と諸手当を含む雇用契約上確実に取得できた金額で計算されるが，通勤手当等の実費を支払う性質の手当てについては，発生していなければ含まれない。

解雇権濫用法理における「客観的に合理的な理由」とはどのようなものを指すかというと，普通解雇の場合には，心身の障害・疾病や長期欠勤や勤務不良等が挙げられる。就業規則がある場合には，解雇事由が絶対的記載事項となるため，解雇に客観的に合理的な理由があるか否かは，就業規則に定められた解雇事由に該当する事実があるかどうかという観点から判断される。

懲戒解雇を行うためには，あらかじめ就業規則において懲戒の種別および事由を定めておくこと，並びに就業規則の内容を労働者に周知させる手続がとられている必要がある（最判平成15年10月10日判タ1138号71頁）。なお，同判例は就業規則を定めていない場合に，個別の契約に定められた内容によって懲戒ができないことまでを判示してはいないと考えられる。

また，「社会通念上相当であるか否か」については，解雇事由の性質や態様，経緯，他の処分等とのその他の労働者側に有利となる事情を総合考慮して判断

される。

# 5　ストックオプション

## (1)　ストックオプションとは

　ストックオプションとは，一定の権利行使期間内に，あらかじめ定められた権利行使価額で自社株式を会社から引き受けることができる権利をいい，新株予約権の一種である。

　例えば，権利行使価額が1株1,000円でストックオプションの付与を受ける場合，付与時点では1,000円を支払えば実際に1株購入できるという金額であることが多い。しかし，その後役員や従業員の努力の結果，会社の企業価値が上昇し，1株10,000円になれば，ストックオプションを行使すると，1株10,000円の価値がある株式を1,000円で取得することができる。さらにその後会社が上場し，1株15,000円になった時点で売却すれば，ストックオプションの権利行使価額との差額1株当たり14,000円の利益を得られるのである。

　ベンチャー企業においてしばしばストックオプションが利用されるのは，ストックオプションが潜在的な株式であることから，前記のように付与された側にはその価値を高めること，すなわち会社の価値を高めることにインセンティブが生じるためである。ストックオプションの付与を受けた役員や従業員は，会社の価値を高めるために職務に邁進することが期待できる。会社としても，黎明期や創業時から一緒に頑張ってきた者に対して，会社の価値が上がることで報いることができる。

## (2)　ストックオプションと課税

　ストックオプションに対する課税は，①権利行使時と，②権利行使によって取得した株式の売却時になされるのが原則である（例外として，税制適格ストックオプションがある。下記(3)参照）。①権利行使時には，権利行使時の時価と権利行使価額の差額について，給与所得として所得税・住民税の課税を受

ける。前記(1)の例でいえば，1,000円と10,000円の差額である9,000円（【図表4－5】(ア)）が，通常の給与と合算して課税対象となる。例えば，50株分のストックオプションの付与を受けていれば課税対象額は450,000円にもなる。ストックオプションの行使時点では，株式を取得することはできるものの，金銭を得られるわけではない。それにもかかわらず，課税対象となってしまうと，個人の従業員が税金を支払うことができなくなるおそれがある。

　また，②権利行使によって取得した株式の売却時には，権利行使時の時価と，株式売却時の時価の差額が譲渡所得として課税対象になる。上記(1)の例でいえば，10,000円と15,000円の差額である5,000円（【図表4－5】(イ)）がこれに当たる。

【図表4－5】　ストックオプションの利益と課税対象

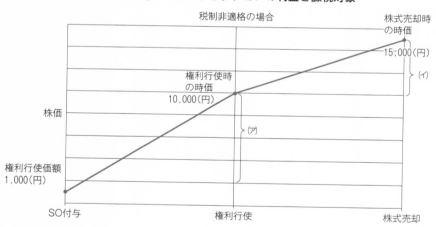

## (3)　税制適格ストックオプション

　ただし，一定の条件（税制上の適格要件）を満たしたストックオプションは，①権利行使時には課税の対象とならず，②権利行使により取得した株式の売却時にのみ課税対象となる。この一定の条件を満たしたストックオプションを「税制適格ストックオプション」という。②権利行使により取得した株式の売却時にのみ課税されるのであれば，現実に売却の対価としての金銭を受領して

おり，税金もその対価たる金銭の中から支払うことが可能である。従業員等にストックオプションを付与する場合には，税制適格を満たすように設計する必要がある。以下では税制適格ストックオプションの概要を述べる。

　税制適格を満たすためには，ストックオプションの付与対象者が，自社の取締役，執行役または従業員でなければならない。監査役や外部の専門家は税制適格ストックオプションの付与対象者に含まれていないため注意する必要がある。また，監査役以外の役員であっても，すでに発行されている株式の3分の1を超える割合の株式を保有している者やその親族・配偶者などは，税制適格ストックオプションの付与対象者とならない。他にも，払込価額が無償かつ権利行使価額がストックオプションを付与された（その契約が締結された）時点での株式価格以上でなければならないことや，年間の権利行使価額が1,200万円を超えないこと，権利行使期間は，ストックオプションを付与する決議日から2年を経過した日から10年を経過する日までの間で設定するなどの要件を満たさなければならない。

　税制適格ストックオプションについて売却時に課税対象となるのは，株式売却時の時価から権利行使価額を引いた金額である（【図表4－6】(ウ)）。

【図表4－6】　ストックオプションの利益と課税対象（税制適格）

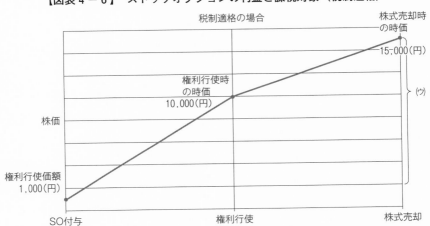

## 6　Q&A

### Q1
業務委託契約を締結していたのに，残業代請求をされました。残業代を支払う必要はあるでしょうか。

**A**　まず，「業務委託契約」という名称の契約を締結した場合でも，実際にはその内容が雇用に該当するということがある。契約の性質は，その名称のみではなく，実態を基準に判断されるため注意する必要がある。この判断は難しいことも多いので，請求の態様（弁護士をつけて内容証明郵便を送ってきているのか，電話やメールでしつこく請求をされているのか等）によっては，専門家に相談して対応することが望ましい。検討の結果，契約の内容に照らして業務委託契約と判断されるか，雇用契約と判断されても残業代が発生していないと認められる場合には残業代を支払う必要はない。

### Q2
上司にセクハラをされたと訴えている従業員がいます。その上司を懲戒解雇にしてよいでしょうか。

**A**　すでに述べたとおり，セクハラに限らずハラスメントの訴えがあった場合にはまず事実確認をする必要がある。セクハラがあったと判断して処分を行った後で，被処分者から訴訟等を起こされ，裁判ではセクハラの事実が認められないような事態になれば，会社が損害賠償請求を受けるおそれもある。
　また，仮にセクハラが認められ，懲戒処分を行うとしても，懲戒の中でも最も重い懲戒解雇を選択することには慎重になるべきである。事案の態様，就業

規則の定め，懲戒処分の前例，本人の反省の程度等を総合考慮したうえで，相当性を逸脱しない範囲で行うべきである。

# Q3

従業員を雇用しようと考えているのですが，就業規則は必ず作らなければいけないのでしょうか。

**A**　就業規則は，「常時10人以上の労働者を使用する使用者は，（中略）就業規則を作成し，行政官庁に届け出なければならない」とされている（労基法89条）。従業員を初めて雇用する場合に，常時使用する労働者の数が10名以上とならなければ，法律上の作成義務はない。

　ただし，10名未満であっても，職場での規律を定めたり，従業員との間のトラブルを未然に防いだりするために，就業規則は定めておくことが望ましいとされる。また，就業規則には，最低基準効という効果があり，就業規則の内容を下回る（従業員に不利になる）内容の個別の合意（契約）は無効となったり（労契法12条），労働者にとって不利益な内容に変更する場合にはその有効性が問題になったりするため，注意する必要がある。

# Q4

給料や残業代，退職金の請求権に時効はありますか。

**A**　最近まで，退職金を除く賃金（残業代含む）については，支払日から2年，退職金請求権については5年で消滅時効が完成するものとされていたが，令和2（2020）年4月1日に施行された改正労働基準法においては，退職金を除く賃金についても時効期間が5年に伸長された（労基法115条）。もっとも，経過措置として「当分の間」は3年とされている（労基法143条3項）。

# 第 5 章

# 会社の出口
## ～ IPO・M&A について

　本章では，事業を開始したときに意識しなければならない，IPO や M&A といったいわゆるイグジットに関し，意識しておくべき法律や手続等について説明する。

　企業が描く未来として，会社を上場させて大きな資金を調達し，さらなる事業拡大を狙っていくという選択肢や，どこかの会社に自身の株式を譲渡し，その会社の傘下に入るという選択肢もある。もちろん，創業者がそのまま事業を継続していくという道もある。

　いずれにしても，自らの経営する企業にとってどのようなゴールや未来を描くべきか，そのためにはどのような道を進んでいくべきかというテーマは，企業経営を行ううえで必ず考えるべきテーマである。

　望んだゴールや未来から逆算することで，企業としてどのような体制を整備すべきか，どのような組織づくりをしていくべきか，そしてどのような経営をしていくべきかといった現在の行動の指標を持つことができる。早い段階から専門家とタッグを組み，会社の出口を見据えた準備をしていくことが重要となる。

# 1　イグジットの方法

## ⑴　イグジットの方法

　本書におけるイグジットとは，起業家がビジネスないし会社を換価し，投下資本を回収することを指すものとする。イグジットの方法として一般的なものは，IPO と M&A である。本書では，それぞれのメリットとデメリットを紹介し，IPO および M&A においてクリアしなければならない要件や基準について説明する。IPO および M&A のいずれも事前の準備が不可欠であり，一朝一夕に行うことができないものである。そのため，順調にビジネスが軌道に乗ってきた矢先にイグジットの段階で足止めを食らい商機を逃すということも少なくない。イグジットは，起業家にとっては，1 つの目標とされることが多いが，当該ビジネスの成長過程でみると，さらなる事業拡大に向けた通過点である。新規ビジネスの成長を止めないためにも余裕を持った準備をして臨むことが必要である。そのため，早い段階で経営者が，IPO および M&A において必要とされる法的整備について理解し，対応すべき点の整備に早期に取り掛かることが，イグジット段階およびそれ以降のスムーズな成長に不可欠であるといえる。

　また，後述するとおり，これまで主流であった IPO や M&A も多様化し，IPO や M&A 以外のイグジットとして機能する取引も生まれてきていることから，経営者においては，それらについても認識したうえで，自社におけるメリットとデメリットを検討する必要がある。

## ⑵　IPO と M&A の比較
### ①　IPO

　IPO（新規株式公開）とは，取引所に上場していない会社が証券取引所に初めて上場をすることをいう。

　日本では，IPO を目指すベンチャー企業が多く，起業家の 1 つの目標になっ

ている。IPO は，市場に株式を公開することで一般投資家から資金を調達する
ものであり，M&A と比較すると創業者が経営を継続できるという点でメリッ
トがある。IPO のイメージは【図表 5 − 1 】のとおりである。（詳細について
は，後述の「 3 　M&A」を参照。）

　ファンドからの出資の段階で VC からイグジットプランを要求されることが
多く，ビジネスの初期の段階で IPO における上場審査基準を把握しておくこ
とが有益である。（上場審査基準については，後述 2 (3)を参照。）

【図表 5 − 1 】　IPO のイメージ図

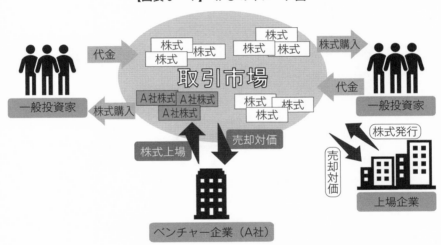

## ②　M&A

　M&A によるイグジットは，一般的には大手企業等に会社を売却し，創業者
がその売却対価により投下資本を回収するものである。最近では，大手企業が
新規分野への事業進出の一手段として，VC を組成してベンチャー企業に投資
を行うという CVC（コーポレートベンチャーキャピタル）の活発化が話題に
なっている。CVC の概要や，事例については，経済産業省「事業会社と研究
開発型ベンチャー企業の連携のための手引き（第三版）」[1]（平成31年 4 月）が
参考になる。

買収側企業への売却の手法は様々であるが，本書では最も平易であると考えられる株式譲渡の方法による M&A について説明をする（【**図表5－2**】）。

M&A のメリットとしては，IPO よりも比較的短期間で行うことができること，IPO のような経営体制や管理体制等についての審査基準が明確ではなく，買収側企業との合意が成立することで足りるため，経営体制や管理体制等についての審査は比較的融通が利く点が挙げられる。もっとも，M&A においても買収側企業は対象会社の抱えるリスクを調査した上で M&A を行うため，最低限の体制を整えておくことが望ましい。

M&A のデメリットとしては，通常は株式すべての売却が M&A の条件となるため，創業者が経営を継続することができなくなるという点である。また，買収側企業との企業風土の摩擦により事例によっては，社員の士気の低下等のデメリットも想定される。

**【図表5－2】　M&A のイメージ図**

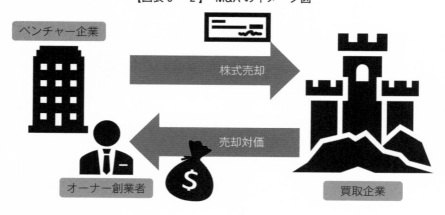

### ③　両者のメリットとデメリット

アメリカでは，イグジット件数における IPO の件数はごくわずかであるが，日本では IPO によるイグジットが多数を占めている（【**図表5－3**】）。アメリカと日本で IPO と M&A の利用比率に差があるのは，アメリカでは IPO をす

---

1　https://www.meti.go.jp/policy/tech_promotion/venture/tebiki3.pdf

る場合のコストが高いことから選択されにくいということも理由の 1 つであるが，ベンチャー企業の企業価値の評価（バリュエーション）における買収側企業とベンチャー企業との重点の差異によるものであると考えられる。この点に関する分析については，経済産業省「大企業×スタートアップの M&A に関する調査報告書（バリュエーションに対する考え方及び IR のあり方について）」[2]（令和 3 年 3 月）において詳しく解説がなされている。

　もっとも，近年では，M&A の件数が増加傾向にあり，M&A によるイグジットは増加傾向にある。

【図表 5 − 3】　ベンチャーキャピタルの投資先企業の IPO および M&A の状況

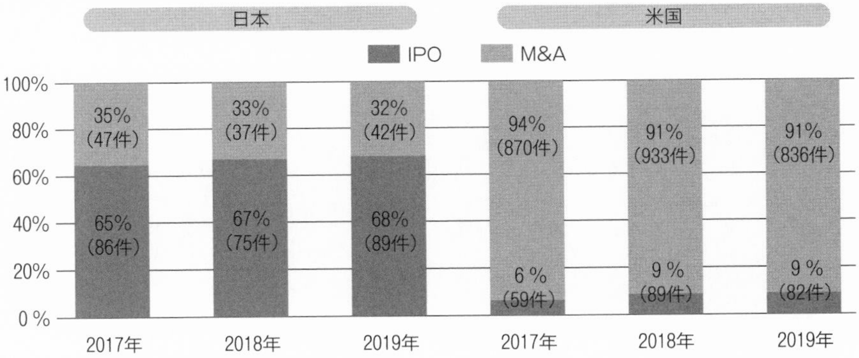

※日本の数値は年度，米国は暦年
出所：経済産業省「大企業×スタートアップの M&A に関する調査報告書（バリュエーションに対する考え方及び IR のあり方について）」（令和 3 年 3 月）

　IPO と M&A のメリットとデメリットは前記のとおりであるが，より幅広く拾っていくと，【図表 5 − 4】のとおりである。

---

　2　https://www.meti.go.jp/policy/newbusiness/houkokusyo/r2houkokusho_ma_report_2.pdf

【図表 5 − 4】 IPO と M&A のメリット・デメリット

|  | メリット | デメリット |
|---|---|---|
| IPO | ・創業者が経営を継続することができる。<br>・創業者が得る利益は，M&A よりも大きくなる場合が多い。<br>・資金調達が円滑化・多様化する。<br>・企業の社会的信用力と知名度が向上する。<br>・社内管理体制の充実と従業員の士気の向上が期待できる。 | ・申請に向けた準備に時間と費用がかかる。<br>・上場後も上場維持のためのコストがかかる。<br>・株式取引について金商法や東京証券取引所による規制がかかる。 |
| M&A | ・経営者はすぐに利益を得ることができる。<br>・場合によっては，内部整備が整わなくてもイグジットできる。<br>・買収側企業のリソース（販路や生産力，知名度等）を利用して事業が促進される。<br>・黒字化に至らず IPO が難しい場合でもイグジットをすることができる。 | ・通常は創業者が経営を続けることはできない。<br>・創業経営者がいなくなることによる社員の士気低下，コア人材の喪失のリスクがある。<br>・企業自体には新規の払込がない。 |

　IPO，M&A の選択の優位は，業界の動向の影響も大きく受けるものといえ，SDGs，ESG の分野など，近年企業が注力している分野では，積極的な M&A を行う大手企業が目立っており，M&A によるイグジットのメリットが大きいと思われる。M&A における買収価格の算定は，類似企業の買収事例を基準に買収価格を検討することも多く，同業他社で M&A によるイグジットの成功事例が目立っている場合には，高額の買収価格の提示を受けられる可能性があり，M&A を選択するメリットが大きいといえる。初期の段階でベンチャー企業法務の経験が豊富な法律事務所に相談をし，当該業界における M&A の動向や M&A に向けたアドバイスを受けておくことが有益である。

# 2　IPO

## (1)　上場申請にむけて
### ①　東京証券取引所（以下，「東証」という）の基礎知識

　IPO により，企業が得られるメリットとして，①資金調達の円滑化・多様化，②企業の社会的信用力と知名度の向上，③社内管理体制の充実と従業員の士気の向上が挙げられる。

　①については，不特定多数の投資家から随時資金を調達することができることは，企業にとって大きなメリットであり，上場の直接的なメリットであるといえる。

　②については，後述するとおり，IPO をするためには，事業計画や経営管理等のガバナンスについて東証の上場審査が入るため，上場をすることで企業の信用力が向上し，人材確保や対外的な交渉におけるベネフィットがあるといえる。

　③については，IPO に際して社内管理体制が整備されることに加え，パブリックカンパニーとして企業の社会的ステイタスが向上することにより社員の士気の向上が期待できるというものである。

　前記②，③は，上場による副次的な効果ではあるが，企業にとって大きなメリットであり，イグジットの手段を選択するうえで重要な点といえる。

　上場をする場合の手続の流れを概観すると，【図表5－5】のとおりである。

【図表 5 − 5】　上場手続の流れ

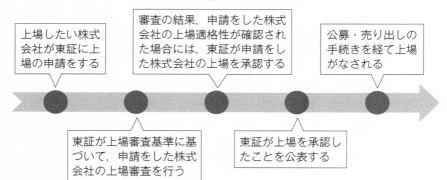

東証の市場には，企業の規模に応じて，市場第一部，市場第二部，マザーズ，JASDAQ および TOKYO PRO Market の 5 つの市場がある。スタートアップ企業が IPO を目指すべき市場は，まずはマザーズ市場である。マザーズ市場は，高い成長可能性を有する新興企業向けの市場とされており，審査基準は，売上高，経常利益，純資産の基準が他の市場よりも低く設定されている（【図表 5 − 6】）がその反面，「高い成長可能性」が要求される。マザーズ市場への上場における上場要件は，本章「 2 ⑶上場審査基準　マザーズ上場を前提として」（147頁）にて後述する。

## 【図表5－6】　最近のIPO企業の規模比較

各市場にIPOした企業の規模の目安は以下のとおり

| 上段：最大値<br>中段：中央値<br>下段；最小値 | 売上高 | 経常利益 | 純資産の額 | 初値時価総額 | IPO時のファイナンス規模<br>（注1，2） |
|---|---|---|---|---|---|
| 東証一部 | 3兆5,470億円<br>**618億円**<br>85億円 | 6,013億円<br>**48億円**<br>8億円 | 7,223億円<br>**207億円**<br>26億円 | 7兆36億円<br>**613億円**<br>254億円 | 2兆6,461億円<br>**249億円**<br>28億円 |
| 東証二部 | 1,087億円<br>**155億円**<br>58億円 | 28億円<br>**12億円**<br>3億円 | 173億円<br>**49億円**<br>15億円 | 264億円<br>**116億円**<br>33億円 | 159億円<br>**18億円**<br>8億円 |
| マザーズ | 622億円<br>**22億円**<br>2億円 | 61億円<br>**2億円**<br>▲31億円 | 310億円<br>**5億円**<br>▲1億円 | 6,767億円<br>**120億円**<br>25億円 | 1,307億円<br>**13億円**<br>1億円 |
| JASDAQ<br>スタンダード | 136億円<br>**47億円**<br>10億円 | 13億円<br>**3億円**<br>1億円 | 39億円<br>**9億円**<br>2億円 | 469億円<br>**58億円**<br>16億円 | 35億円<br>**8億円**<br>4億円 |
| TOKYO PRO<br>Market | 212億円<br>**16億円**<br>1億円 | 3億円<br>**1億円**<br>▲0億円 | 63億円<br>**2億円**<br>0億円 | 64億円<br>**7億円**<br>1億円 | 9億円<br>**—**<br>3億円 |

注1：IPO時のファイナンス規模＝公募＋売出し（OA含む）

注2：集計対象期間中のTOKYO PRO Marketのファイナンス事例は2例のため中央値は記載していない

注3：1億円未満は四捨五入

注4：IFRS（国際会計基準）採用企業については，「売上高」＝「売上収益」，「経常利益」＝「税引前利益」，「純資産の額」＝「資本合計」を記載

出所：日本取引所グループHP　新規上場基本情報　最近のIPO企業の規模比較（2017年〜2019年までのIPO企業）

## ②　上場申請の事前確認事項

　上場申請をするには，上場申請の2週間前に，主幹事証券会社が上場申請のエントリーを行う必要がある。この段階では，後述する審査基準に照らし論点となりうる問題点については，解決の方向性が整理されていることが必要とされる。そのため，上場申請のエントリーをする前の段階で，審査基準に照らし問題となることが明らかな点は，事前に解消し，審査基準の疑問点や論点については，東証の担当部（上場推進部，日本取引所自主規制法人上場審査部）に見解を相談し，解決しておくことが必要となる。東証の担当部への相談は，主

幹事証券会社からまたは上場申請する株式会社から直接行うことができる。

そして，上場申請エントリー後，上場申請の1週間以上前までに，主幹事証券会社と東証の担当者の間で，①申請会社の高い成長可能性にかかる事項，②公開指導・引受審査の内容に関する事項，③反社会的勢力との関係，④審査日程などについて確認を行う。この段階で，申請受付時の質問内容[3]に対応するページのドラフトを提出することが求められるため，事前の準備を要する（【図表5－7】）。

【図表5－7】 上場申請エントリーから上場申請までのスケジュール

■上場申請エントリー
主幹事証券会社を通じて「上場申請エントリーシート」を電子メールで東証に提出

■事前確認
事前の質問内容に対応するページのドラフトを提出
■スケジュール調整
審査日程の確認。上場申請エントリーシートに記載した上場スケジュールを踏まえて東証が，上場申請日やヒアリング実施日当の審査スケジュールを提案。2カ月が標準審査基準とされている。

■上場申請
• 上場申請は，東証の審査担当者と，申請会社の社長や上場申請にかかる責任者等，主幹事証券会社の担当者が出席して行われるのが一般的である。
• 上場申請当日は，まず審査担当者から上場審査のスケジュールおよび大まかな審査内容，審査の具体的な進め方について説明がなされ，次に申請会社側が，上場申請理由，事業内容，業界環境及び役員・株主の状況などについて説明し，それについて審査担当者から追加的な質問がなされることになっている。

---

3　事前の質問内容は，①上場申請理由等（上場の目的と期待する効果，調達予定資金の規模及び使途），②沿革（現在の事業を起こすこととした経緯および目的，現在に至るまでの沿革），③事業内容等（事業の内容，業界の状況，今後の事業計画），④役員・大株主の状況（現職役員の就任経緯，大株主による出資の経緯および理由）である。

### ③　上場申請エントリーまでの準備の進め方

　上場準備の第1段階は社内での意思決定と上場に向けた意思改革といえる。上場に向けた準備は，単に審査基準をクリアするための法的整備にとどまらない意味を持つ。すなわち，上場審査を経て上場が承認されると，上場企業として，それまでよりも，より厳格な経営体制，管理体制，会計処理が求められるのであり，上場により会社がパブリックカンパニーに変化することで，時には業績以上に管理体制の適切性や，会計処理の適切性が重視されることになるという点を社員が認識する必要がある。特に，管理職の意識改革は後を引く問題であり重要となる。上場前のベンチャースピリットを持ったまま，マザーズ市場に上場し，管理職の社員が上場企業としての適切な会計処理や遵法意識を身に付けておらず，後に大きな会計処理の問題やコンプライアンスの問題が発覚し，上場廃止の危機にさらされる企業は少なくない。

　そして，社員の上場に向けた意識改革の後に，またはそれと並行して，上場審査に向けた準備を始めていくことになる。上場審査に向けた準備は，監査法人等によるショートレビューを受け，上場に向けた課題を抽出することから始まる。アドバイザーの協力を得て，抽出した課題に対する対応を行っていき，上場審査基準をクリアする見込みが得られれば，いよいよ上場申請エントリーの準備が始まる。上場申請エントリーには，監査法人による直前2期の財務諸表監査をした監査証明が必要となる。そして，上場申請エントリーをしてから実際に上場するまでの間に，東証の調査等の手続があり，エントリーをしてから上場承認がされるまでには少なくとも約2カ月半の期間を要するのが一般的である。

　上場後は，内部統制報告書の提出と内部統制監査が必要とされる。内部統制報告制度では，財務報告に関連する内部統制の状況を経営者自らが評価し，その評価結果について監査法人から監査を受けることになるため，上場前から事前に準備をしておく必要がある。資本金100億円未満かつ負債総額1,000億円未満の新規上場会社については，上場後3年間は内部統制報告書の監査は免除される（金融商品取引法193条の2第2項4号）ものの，内部統制報告書自体の提

出は必要になるため，上場申請の準備の段階で内部統制の構築，整備，運用水準の向上が必要となる。上場に向けたスケジュールのイメージは，【図表5－8】のとおりである。

【図表5－8】 上場に向けたスケジュール

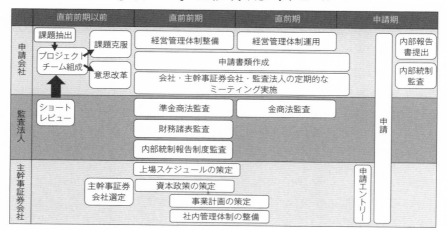

## (2) 高い成長可能性に係る事項

マザーズは，高い成長可能性を有する新興企業向けの市場であるため，上場するにあたっては「高い成長可能性」という要件を満たすことを求めている。「高い成長可能性」を有しているか否かは，主幹事証券会社が判断する。そして，主幹事証券会社は，東証所定の推薦書に，審査の対象として事業の内容等を記載した書面を別紙として添付し東証に提出する。東証は，主幹事証券会社が提出した推薦書の別紙をもとに，申請会社へのヒアリング等を通じ，申請会社が立案した事業計画が，そのビジネスモデル，事業環境，リスク要因等を踏まえて適切に策定されているかどうかを調査する。

どのような場合に，「高い成長可能性」が認められるかという目安はなく，申請会社ごとにその会社の規模や事業特性等を踏まえて判断がなされる。「高い成長可能性」を有することの根拠の提示としては，成長事業の属する市場の

拡大が見込まれる等の市場環境を根拠とする場合，競争優位性・経営資源を根拠とする場合があるが，いずれにしろ客観的なデータに基づいて説明することが求められる。

## (3)　上場審査基準　マザーズ上場を前提として

### ①　上場審査とは

　申請会社が上場申請をすると，東証は，投資者保護の観点から，当該会社が上場会社としての適格を有しているか否かを審査する。これを上場審査といい，上場審査の基準は，有価証券上場規程，同規則および上場審査等に関するガイドラインにより規定されている。上場審査基準には，株式数や流通株式総額など定量的な基準である形式的要件（有価証券上場規程212条各号）と，開示の体制やコーポレートガバナンスの状況などを確認する定性的な基準である実質的基準から構成されている。

### ②　形式要件とは

　形式要件は，上場申請時に提出する書類により調査される。その内容は，**【図表5－9】**のとおりである。形式要件は，上場申請段階で整備することが比較的容易であるため，当初から意識しておく点は少ないが，流通株式，公募株式数に関する要件については，資本政策との関係で意識しておく必要がある。また，取締役会の設置及び適切な運営や，上場申請時の有価証券報告書における監査対象事項については，早期に意識しておくことが有益といえる。

【図表 5 - 9】 形式要件

| 有価証券上場規程 | 要　件 |
|---|---|
| 株主数<br>（上場時見込み） | 150人以上 |
| 流通株式<sup>注1</sup><br>（上場時見込み） | ①　流通株式数1,000単位以上<br>②　流通株式時価総額5億円以上（原則として上場に係る公募等の見込み価格等に，上場時において見込まれる流通株式数を乗じて得た額）<br>③　流通株式数（比率）上場株券等の25%以上 |
| 公募<sup>注2</sup>の実施 | 500単位以上の新規上場申請に係る株券等の公募を行うこと。 |
| 事業継続年数 | 上場申請日から起算して，1カ年以前から取締役会を設置して，継続的に事業活動をしていること。 |
| 虚偽記載または不適正意見等および上場会社監査事務所による監査 | ①　「新規上場申請のための有価証券報告書」に添付される監査報告書（最近1年間に終了する事業年度および連結会計年度の財務諸表等に添付されるものを除く）における記載が「無限定適正意見」または「除外事項を付した限定付適正意見」。<br>②　「新規上場申請のための有価証券報告書」に添付される監査報告書（最近1年間に終了する事業年度および連結会計年度の財務諸表等に添付されるものに限る）および中間監査報告書または四半期レビュー報告書における記載が，「無限定適正意見」または「中間財務諸表等が有用な情報を表示している旨の意見」または「無限定の結論」。<br>③　①および②に規定する監査報告書，中間監査報告書または四半期レビュー報告書に係る財務諸表等，中間財務諸表等または四半期財務諸表等が記載または参照される有価証券報告書等に「虚偽記載」なし。<br>④　申請会社に係る株券等が国内の他の金融商品取引所に上場されている場合にあっては，次のaおよびbに該当するものではないこと。<br>　a　最近1年間に終了する事業年度に係る内部統制報告書に「評価結果を表明できない」旨の記載。<br>　b　最近1年間に終了する事業年度に係る内部統制監査報告書に「意見の表明をしない」旨の記載。 |

| 株式事務代行機関の設置 | 取引所の承認する株式事務代行機関[注3]に委託しているか，または当該株式事務代行機関から株式事務を受託する旨の内諾を得ていること。 |
|---|---|
| 単元株式数および株券の種類 | • 単元株式数[注4]が，100株となる見込みのあること<br>• 新規上場申請に係る株券等が，次の①から③のいずれかであること。<br>①　議決権付株式を1種類のみ発行している会社における当該議決権付株式<br>②　複数の種類の議決権付株式を発行している会社において，経済的利益を受ける権利の価額等が他のいずれかの種類の議決権付株式よりも高い議決権付株式<br>③　無議決権株式 |
| 株式の譲渡制限 | 新規上場申請に係る株式の譲渡につき制限を行わないこととなる見込みのあること。 |
| 指定振替機関における取扱い | 指定振替機関の振替業における取扱いの対象であることまたは取扱いの対象となる見込みのあること[注5]。 |

注1　上場申請に係る有価証券のうち，大株主および役員等の所有する有価証券ならびに申請会社が所有する自己株式など，その所有が固定的でほとんど流通可能性が認められない株式を除いた有価証券をいう。流通株式の割合に係る要件は，上場後の株券の円滑な流通と公正な株価形成の確保のため，流通可能性の高い株式を一定数以上確保するとともに，上場会社としての公開性を担保する趣旨で必要とされる要件である。

注2　新規発行株式の取得の申込みの勧誘を行うこと（金融商品取引法2条3項参照）

注3　東証で現在承認されている，株式事務代行機関は，信託銀行ならびに，東京証券代行㈱，日本証券代行㈱および㈱アイ・アールジャパンの各社である。

注4　東証では全上場会社の売買単位を100株に統一しており，新規上場の申請会社に対してもその売買単位を100株に設定することを要求している。そして，東証では，単元株式を売買単位として取引をすることから上場審査期間内に単元株式数を100株に設定することが求められる。

注5　上場する株券は，振替法に基づき株式会社証券保管振替機構（以下，「保振」という）における株式等振替制度の対象となるため，すでに保振の取扱い対象であるか，または上場の時までに取扱いの対象となる見込みのあることが必要となる。保振の振替業における取り扱い対象となるためには，株券不発行会社であることが必要である。

## ③　実質審査基準（有価証券上場規程214条関係）

　前記形式要件に適合する申請会社は，次に実質審査基準に適合しているかを調査される。形式要件は上場申請書類から審査されるのに対し，実質審査基準は申請会社の役員，社員等に対し面接等をして，調査される。実質審査基準の

内容は【図表 5 － 10】のとおりである。

**【図表 5 －10】 実質審査基準**

| 有価証券上場規程214条 |
| --- |
| （i） 企業内容，リスク情報等の開示の適切性 |
| （ii） 企業形成の健全性 |
| （iii） 企業のコーポレートガバナンスおよび内部管理体制の有効性 |
| （iv） 事業計画の合理性 |
| （v） その他の公益または投資者保護の観点から東証が必要と認める事項 |

## （i） 企業内容，リスク情報等の開示の適切性

① 経営に重大な影響を与える事実等の会社情報を適時，適切に開示することができる状況にあること。また，内部取引等の未然防止に向けた体制が適切に整備，運用されていること。

② 企業内容の開示に係る書類が法令等に準じて作成されており，かつ，投資者の投資判断に重要な影響を及ぼす可能性のある事項，リスク要因として考慮されるべき事項，事業計画及び成長可能性に関する事項について投資者の投資判断上有用な事項，主要な事業活動の前提となる事項についてわかりやすく記載されていること。

③ 関連当事者その他の特定の者との間の取引行為または株式の所有割合の調整等により，企業グループの実態の開示を歪めていないこと。

④ 親会社等を有している場合，申請会社の経営に重要な影響を与える親会社等に関する事実等の会社情報を申請会社が適切に把握することができ，かつ，投資者に対して適時，適切に開示できる状態にあること。

同要件は，高い成長可能性を評価して上場をさせるというマザーズ市場の性格から，一般投資家や機関投資家の投資判断に際し，適切な情報を開示することが不可欠であるため，特に重要な要件と位置づけられる。本要件は上場後も継続的に必要とされる適時開示とも共通する部分が多く，専門家を入れて十分なコストをかけてしっかり整備しておくことが必要であるといえる。

　①についての調査は，申請会社が上場後において，投資者の判断に重要な影響を与える情報を適時，適切に開示できる状況にあるかどうか，内部取引および情報伝達・取引推奨行為の未然防止の観点から会社情報の公表までの間の情報管理が適切に行える状況にあるかどうかという2つの要素からなっている。

　前者については，開示すべき重要な情報を誰が，どのように把握し，収集・管理しているか，開示に向けての内部的な手続がどのようになっているかについても調査がなされる。さらに，自社の業績動向等を的確に把握するための予算および実績の管理方法や公表された業績予想などの将来予測情報に修正の必要があるかどうか，修正の必要がある場合にはどのような修正をするのかが把握できる体制を構築しているかが調査される。

　後者については，まず内部者取引等の防止のために社内規程を有しているか，その内容が法令に照らして適切なものか，役員・従業員等への内部取引等の防止のための研修の実施状況および実施予定について，情報管理に係る責任者等が内部者取引規制の意義及び内容を理解しているかといった点について調査がなされる。

　②では，投資者に提供される開示資料が，投資判断上有用な情報を正確かつ分かりやすく記載しているかどうかを審査する。投資者へ提供される資料には，「新規上場申請のための有価証券報告書（Ⅰの部）」と「事業計画及び成長可能性に関する事項」がある。「新規上場申請のための有価証券報告書（Ⅰの部）」では，投資判断に際して申請会社のリスク要因として考慮されるべき事項に関する情報を記載することとされており，「事業計画及び成長可能性に関する事項」では，成長の実現や事業計画の遂行に重要な影響を与える可能性があると認識する主要なリスクを記載することとされている。また，事業活動の前提となる許認可等がある場合，その許認可の内容，有効期限，取消し事由等を「新規上場申請のための有価証券報告書（Ⅰの部）」に記載することとされている。そして，前記の内容を簡潔に，かつ，わかりやすく誤解を生じさせることがないように記載することが求められている。

　③は，申請会社と関連当事者またはその他の特定の者との間で，申請会社の

会社情報を意図的に歪める取引行為や出資の調整が行われていないかを調査する。取引行為については，例えば，各種取引に不自然な内容があるか，財務諸表上の勘定科目に不自然な推移が認められるかを調査し，該当がある場合には，その詳細をさらに確認していくことになる。出資の調整については，例えば，出資の構成から出資理由が明確でない出資者がいる場合，その出資が業績の悪い子会社を連結対象から外すことを目的としているものかどうかを調査し，出資構成の改善を求められることがある。

　④は，申請会社が親会社を有している場合であるため，本書で想定する企業には当てはまらないものと考えられるため説明を割愛する。

## (ii)　企業形成の健全性

> ①　関連当事者[4]その他の特定の者[5]（関連当事者等）に対して，取引行為その他の経営活動を通じて不当に利益を供与または享受してはならないこと。
> ②　親族関係，他の会社等の役職員等との兼職の状況が，役員としての構成，忠実かつ十分な職務の執行または有効な監査の実施を損なう状況でないこと。
> ③　親会社等を有している場合，申請会社の経営活動が親会社等からの独立性を有する状況にあること。

　同要件では，株主の利益を保護する観点から申請会社の企業のグループが事業を公正かつ忠実に遂行しているか否かが審査される。

　①では，関連当事者等との取引をしていないことを原則とし，関連当事者等との取引がある場合には，その取引が申請会社の利益を最優先に考えたときに正当なものとして合理的に説明することができることを要する。正当なものとして合理的に説明ができる場合とは，例えば上場準備開始以前から継続する取引で事業上必要な取引であって，代替の取引先を探すことが困難である場合や，

---

関連当事者等が申請会社に対する支援目的で申請会社にとって有利な条件で取引を行っている場合が考えられる。

　②では，取締役等の役員，監査役または執行役の状況が，公正，忠実かつ十分な職務の執行または有効な監査を損なう状況にないかが審査される。同族色が強い場合や役員が他の会社の役員を兼務しており，申請会社の取締役会の開催，日常の業務の執行等において機動的かつ適正な意思決定に支障が生じる可能性が高いと判断される場合などは本基準に抵触すると考えられる。なお，申請会社の取締役，会計参与または執行役その他これに準じる者の配偶者ならびに二親等内の血族および姻族が監査役，監査等委員または監査委員その他これに準ずるものに就任しているときは，有効な監査の実施を損なう状況にあるとみなすものとされている（上場審査等に関するガイドラインⅢ3.（2））。

　③は，親会社等を有している場合における基準である。いわゆる子会社上場の場合における基準であるため，説明は割愛する。

### (iii)　企業のコーポレートガバナンスおよび内部管理体制の有効性

---

① 　役員の適正な職務の執行を確保するための体制が相応に整備され，適切に運用されている状況にあること。
② 　経営活動を有効に行うため，その内部管理体制が相応に整備され，適切に運用されている状況にあること。
③ 　経営活動の安定かつ継続的な遂行，内部管理体制に必要な人員が確保されている状況にあること。
④ 　実態に即した会計処理基準を採用し，かつ会計組織が適切に整備，運用されている状況にあること。
⑤ 　法令等を遵守するための有効な体制が適切に整備，運用され，また最近においても重大な法令違反となるおそれのある行為を行っていないこと。

---

　同要件では，申請会社からパブリックカンパニーとして適切に事業を継続していくためには，上場会社にふさわしい適切なコーポレートガバナンス体制を整備していることが重要であるため，申請会社が，適切なコーポーレートガバ

【図表 5 −11】　有価証券上場規程における企業行動規範

| 項　目 | 内　容 | 有価証券上場規程 |
|---|---|---|
| 独立役員の確保 | 独立役員を 1 名以上確保すること。 | 436条の 2 |
| コーポレートガバナンス・コード[6]を実施するかしない場合の理由の説明 | 基本原則[7]の実施，または実施しない場合の理由を「コーポレート・ガバナンスに関する報告書」において説明する。 | 436条の 3 |
| 上場内国会社の機関 | 以下の機関の設置<br>• 取締役会<br>• 監査役会，監査等委員会又は指名委員会等<br>• 会計監査人の設置 | 437条 |
| 社外取締役の確保 | 社外取締役を 1 名以上確保すること。 | 437条の 2 |
| 公認会計士等 | 会計監査人を，有価証券報告書または四半期報告書に記載される財務諸表等または四半期財務諸表等の監査証明等を行う公認会計士等として選任すること。 | 438条 |
| 業務の適正を確保するために必要な体制整備 | 取締役，執行役または理事の職務の執行が法令および定款に適合することを確保するための体制その他上場内国会社の業務ならびに当該上場内国会社およびその子会社から成る企業集団の業務の適正を確保するために必要な体制の整備を決定するとともに，当該体制を適切に構築し運用すること。 | 439条 |

6　東証が公表している会社が株主をはじめ顧客・従業員・地域社会等の立場を踏まえた上で，透明・公正かつ迅速・果断な意思決定を行うための仕組み（jpx.co.jp/news/1020/nlsgeu000005lne9.pdf）

7　①株主の権利・平等性の確保，②株主以外のステークホルダーとの適切な協働，③適切な情報開示と透明性の確保，④取締役会等の責務，⑤株主との対話の 5 原則から構成されている。各要件の詳細は，東証「コーポレートガバナンス・コード原案」（2015年 3 月 5 日公表）https://www.jpx.co.jp/equities/listing/cg/tvdivq0000008jdy-att/b7gje60000053ev4.pdf

ナンスおよび内部管理体制を有効に保有しているかを審査する。審査にあたって，申請会社は，「コーポレート・ガバナンスに関する報告書」（ドラフト）を東証に提出する必要がある。

①では，申請会社が機関設計及び役員構成を中心に適切なコーポレートガバナンスを有しているか，それが有効に機能しているかについて，申請会社のコーポレートガバナンスに関する基本的な考え方を踏まえ，現在の体制を採用している経緯，役員構成に関する考え方の調査をとおして行われる。同審査においては，経営活動における意思決定が一部の役員のみによって行われることなく，各役員がその職責に応じた業務執行・監督を十分に行うことができるかが判断される。特に重要な監査役会および独立監査役員の調査においては，常勤監査役等および独立役員に対する面談が実施される。有価証券上場規程の企業行動規範として整備することが望まれる機関設計が規定されており，概ね左記【図表5－11】のとおりとなっている。

②では，申請会社が上場会社として経営活動を適切かつ継続的に行っていくために，管理組織が相応に整備され，運用されているか，効率的な経営活動を行うために管理組織が相応に整備され運用されているか，効率的な経営活動を行う一方で自己，不正，誤謬をある程度未然に防止し，不測の損失を防ぐ適切な対応ができる状況にあるかどうかが確認される。具体的な審査項目としては，経営管理組織・社内諸規則の整備，経理事務，予算統制，内部監査等の内部統制の運用状況が挙げられている。

③では，申請会社が第三者に依拠することなく，独立して事業を運営するために必要な人員の確保が図られているか，経営管理組織を安定的に維持することができる体制となっているかが確認される。

④では，申請会社が適切な経理処理を実施できるかどうかが確認される。申請会社の会計処理基準が申請会社の実態に即しているか，その運用が恣意的なものとなっていないかについて，申請会社の経理規定等に定められている会計基準を踏まえ，会計監査人の見解も参考にして審査される。

⑤では，コンプライアンスのための体制が整っているかが確認される。まず

は，行政指導の状況を確認し，内部監査等の項目に経営活動に関する法規則等の項目が反映されているかが確認される。また，最近において法令違反または法令違反のおそれのある行為を犯した場合，その重大性に応じて，当該法的瑕疵の治癒および再発防止体制の整備状況について確認がされる。

### (ⅳ) 事業計画の合理性

> ① 事業計画がそのビジネスモデル，事業環境，リスク要因等を踏まえて，適切に策定されていると認められること。
> ② 事業計画を遂行するために必要な事業基盤が整備されていると認められること又は整備される合理的な見込みがあると認められること。

　同要件については，資金調達の段階で VC が入っている場合には，事業計画の審査・修正がなされていることがほとんどであるが，上場段階では，投資家保護の観点から事業計画の合理性が審査される。

　①は，事業計画の合理性を審査するものである。事業計画が高い成長を実現するための事業計画となっているか，利益計画，販売計画，仕入・生産計画，設備投資計画，人員計画，資金計画などと整合的であるかが審査される。審査においては，事業計画が自社のビジネスモデルの特徴と事業展開に際して考慮すべき業界環境や競合他社の状況，対象市場の規模や成長度合い，自社商品ないしサービスの需要動向，主要取引先の状況，法的規制の状況等の要素等を適切に反映させたものであるといえるかという点を中心に審査がなされる。

　②では，申請会社が事業計画を遂行するために必要な事業基盤の整備状況が確認される。具体的には，事業計画の遂行にあたって必要となる人員等の人的資源，物的資源，金銭資源等が整備されているかが審査される。審査時点において，事業基盤の整備が十分でない場合であっても，合理的な資源確保の具体的な計画がある場合には，上場後において事業基盤が整備される合理的な見込みがあるものとして取り扱われる。

## (v)　その他の公益または投資者保護の観点から東証が必要と認める事項

---

① 　株主等の権利内容およびその行使の状況が，公益または投資者の保護の観点で適当と認められること。
② 　経営活動の業績に重大な影響を与える係争または紛争を抱えていないこと。
③ 　主要な事業活動の前提となる事項について，その継続に支障をきたす要因が発生していないこと。
④ 　反社会勢力による経営活動への関与を防止するための社内体制を整備し，当該関与の防止に努めていることおよびその実態が公益または投資者保護の観点から適当と認められること。
⑤ 　新規上場申請に係る内国株券等が，無議決権株式（当該内国株券等以外に新規上場申請を行う銘柄がない場合に限る）または議決権の少ない株式である場合は，ガイドラインⅢ．６．⑸に掲げる事項のいずれにも適合すること。
⑥ 　新規上場申請に係る内国株券等が，無議決権株式である場合（当該内国株式等以外に新規上場申請を行う銘柄がある場合に限る）は，ガイドラインⅢ．６．⑹に掲げる事項のいずれにも適合すること。
⑦ 　その他の公益または投資者保護の観点から適当と認められること。

---

　同要件は，上記基準以外に上場にあたって公益または投資者保護の観点から必要と認められる事項についての審査基準である。

　①では，申請会社が発行している株式の内容を審査される。すべての発行株式が普通株式である場合には問題とならないが，種類株式を発行している場合には，普通株主の権利内容やその行使を著しく制約するものとなっていないかという点が審査される。また，買収防衛策に対しては，留意事項が多く，事前に東証に相談をすることが求められていることに注意が必要である。（買収防衛策の留意事項については，東証「会社情報適時開示ガイドブック」，「買収防衛策の導入等に係る上場制度の概要」参照）。

　②では，経営活動や業績等に重大な影響を与える可能性のある係争または紛争の有無が確認される。事業計画の合理性が認められた場合でも，申請会社が経営活動や業績に重大な影響を与える係争又は紛争を抱えている場合には，投資対象として不適当であると考えられるため，②ではそのような係争または紛

争を抱えていないことが調査される。

　③では，申請会社の主要な業務または製商品について，許可，認可，免許若しくは登録または販売代理店契約もしくは生産委託契約（以下，「許認可等」という）を必要とする場合に，当該許認可等を継続して更新できる状況にあるかが確認される。実際の審査では，申請会社が申請書類に加えて，主要な事業活動の前提となる事項，許認可等の有効期間，解約事由等，事業継続に支障をきたす要因の発生の有無および内容を書面により報告し，これをもとに東証が審査をしていく運用となっている。

　④では，反社会的勢力等の経営活動への関与がないこと，および反社会的勢力等の経営活動への関与を防止するための体制整備が図られているかが審査される。反社会的勢力等の経営活動への関与を防止するための体制については，「企業が反社会的勢力による被害を防止するための指針」（法務省平成19年6月19日犯罪対策官僚会議幹事会申合せ）を踏まえて作成することが望まれる。

　⑤は，議決権種類株式は，コーポレートガバナンスに歪みをもたらす可能性が高いものであることから，別途審査基準を設けて審査がなされている。議決権種類株式を発行する場合には，事前にアドバイザーの監査法人等と対応を検討しておくべきである。

# 3　M&A

## (1)　総論　パターン，事例

　日本ではイグジット手段としてM&Aが選択されることはIPOが選択されることよりも少ないが，アメリカでは，イグジット手段としてM&Aがとられることが多いことは前記のとおりである（本章1(2)③）。加えて，アメリカと日本のM&Aにおける買収価格にも大きな差がある（【図表5−12】）。日米における主要企業の企業価値推移とM&A件数は関連性があり，企業価値が大幅に上がっている企業はM&Aの件数にも積極的であることがうかがえる（【図表5−13】，【図表5−14】）。

【図表 5 −12】　アメリカと日本の M&A における買収価格の差

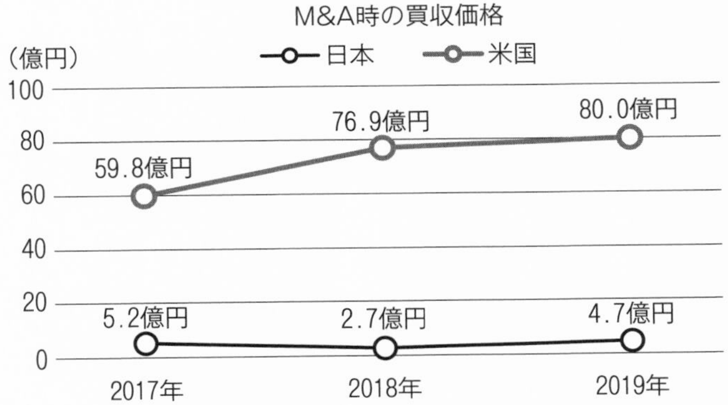

M&A時の買収価格

（億円）　　　─○─ 日本　　─○─ 米国

59.8億円　　　76.9億円　　　80.0億円

5.2億円　　　2.7億円　　　4.7億円

2017年　　　　2018年　　　　2019年

出所：ベンチャーエンタープライズセンター「ベンチャー白書」よりあずさ監査法人が作成
※買収価格は買収価格の総額÷買収件数として計算しており，平均値を記載。円換算は，期中平
　均レートをあずさ監査法人が算定し，計算
　2017年は 1 ドル＝111.9円，2018年は 1 ドル＝110.3円，2019年は 1 ドル＝109.0円

【図表 5 −13】　日本主要企業の M&A 件数

| 会社名 | M&A 件数<br>（2010〜2020年） | 1 年あたり<br>平均件数 |
|---|---|---|
| Alphabet Inc (Google Inc.) | 229件 | 約20件 |
| Apple Inc | 128件 | 約11件 |
| Facebook Inc | 101件 | 約 9 件 |
| Amazon.com Inc | 143件 | 約13件 |
| Microsoft Corp | 223件 | 約20件 |
| トヨタ自動車 | 38件 | 約 3 件 |
| 日本電信電話 | 74件 | 約 6 件 |

出所：Zephyr よりあずさ監査法人が集計

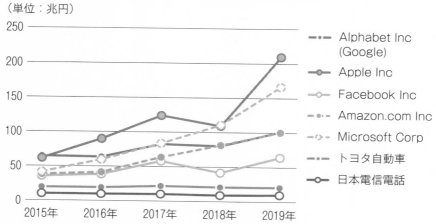

【図表 5 −14】　日米主要企業の企業価値推移

（単位：兆円）

出所：経済産業省「大企業×スタートアップの M&A に関する調査報告書（バリュエーションに対する考え方及び IR のあり方について）」（令和 3 年 3 月）

　日本において，イグジットの手段として M&A がマイナーである原因は，買収側企業となる大手企業とベンチャー企業との間でバリュエーションが合意に至らないこと，のれんの減損発生をすべて失敗と判断する大手企業の体質が原因であると分析されている（経済産業省「大企業×スタートアップの M&A に関する調査報告書（バリュエーションに対する考え方及び IR のあり方について）」令和 3 年 3 月）。

　また，M&A の件数は，直近では大幅に件数が減少しているものの，新型コロナウイルス感染症拡大により市場が低迷するまでは，件数が着実に増加しており，全体としては増加傾向にあるといえる（【図表 5 −15】）。1985年以降の件数の推移を見ると M&A は景気の動向にも強く影響を受けることがわかる。M&A によるイグジットを考える際には，経済動向も踏まえた計画を立てることが重要である。

【図表5－15】　M&A 件数の推移

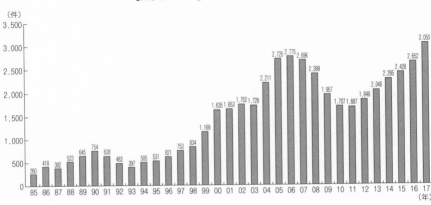

出所：中小企業庁「2018年版　中小企業白書」

## (2)　ベンチャー企業へのDD

　M&A を行う場合，買収側企業は対象会社に対する M&A を実行するか否か
を判断するために，対象会社のバリュエーションやリスク等を精査するため，
対象会社に対する調査を実施する。これをデュー・ディリジェンス（以下，
「DD」という）という。

　DD は，M&A の規模や，買収側企業の意向により異なるが，一般的には収
益性や各種債務等の財務リスクを精査する財務 DD，会計方針や会計基準等か
ら潜在的な税務債務を把握する税務 DD，契約関係等の権利義務関係や紛争等
のリスクの精査をする法務 DD，市場の成長性および事業計画の蓋然性を精査
するビジネス DD から構成される。そして，それぞれの調査範囲や密度は，
M&A の規模および買収側企業の意向により異なる。

　一般的な DD 項目は，【図表5－16】のとおりであるが，ベンチャー企業を
対象とする DD の場合には買収側企業は，対象会社の市場への進出を目的にし
ている場合が多く，買収後に修正が可能な軽微なリスクを逐一拾うよりも，事
業および計画自体にかかわるリスク（許認可等）を重視する傾向にあると考え
られる。

**【図表5−16】 一般的な DD 項目**

| 財務DD |
| --- |

- 収益性分析　事業の収益性の分析
- 運転資本分析　事業計画のために必要とされる資本の規模を調査
- 設備投資分析　従前の設備投資内容の分析
- 純有利子負債分析　借入額の把握
- 簿外債務・偶発債務の調査　訴訟や保証債務等の潜在債務の調査

| 税務DD |
| --- |

- 会計方針，会計基準の確認
- BS，PLの精査

| 法務DD |
| --- |

機関設計およびそれが健全に運営されていることを確認する。株主総会議事録や取締役会議事録の内容を確認

- コーポレート
- 取引契約関係
- 資産に関する権利関係
- ファイナンス契約関連

各契約にM&Aを阻害する事由がないか，M&Aをトリガーとする事項がないかを確認

- 労務―労働関係法令等の遵守状況の調査
- 許認可関係―事業に関連する許認可の取得状況
- 紛争関係―潜在的な訴訟リスクがあるかを調査

| ビジネスDD |
| --- |

- 市場成長性
- 事業計画の蓋然性

## (3)　M&A 交渉における注意点

　買収側企業は，大手企業であることが多く，M&A の実績もあるうえ，M&A の豊富なノウハウを有した顧問法律事務所が契約書を作成してくることが一般的である。それに対して，スタートアップの経営者は，M&A の経験，ノウハウが少ないことが多く，スタートアップ経営者が自ら買収側企業と交渉をすることは極めて困難であり，M&A を検討する段階で，M&A の経験が豊富な法律事務所に相談をする必要がある。M&A 契約の交渉において，企業価値を適切に踏まえた条件で，かつ，M&A 契約において不合理なリスクを負わされることがないように契約書を締結する際には，弁護士に内容の確認を依頼

する必要性は極めて高いといえる。早期に顧問弁護士をつけることで，契約交渉段階で優位に立つために求められる，法務面の整備について事前に準備をすることができるため有益である。

## (4)　そのまま経営する

　これまで説明したイグジットの方法をとらずにそのまま経営を続けるという選択がある。事業が黒字化し IPO が見えてきた段階で，企業が IPO をするか否かを判断する際に見落としがちな点が，企業の出資者が，IPO 前はベンチャービジネスに理解のある VC 等であるのに対し，IPO により出資者が上場会社への投資をする機関投資家に代わるという点である。これにより，経営の自由度は変化することになる。創業オーナーが経営を続けることができるという点が IPO のメリットであると説明してきたが，IPO をすることにより企業は機関投資家から理解を得る経営をしていかなくてはならず，IPO 前と同じ経営ができるというわけではない。IPO 前と同じ経営をしたがために，機関投資家の理解を得られず，思うように増資ができずに伸び悩む企業も少なくない。そのため，IPO も M&A もしないでそのまま経営を続けるというのは相応にメリットのある選択肢といえる。もっとも，VC との出資契約には，基本的には上場義務が入っているため注意が必要である。

　上場をしていない企業で企業価値が10億ドルを超える企業をユニコーン企業という。ユニコーン企業はあえて IPO をしない選択をした企業の代表例といえる。

　国際的に見た時に，スタートアップ企業は自国の産業競争力を高めていく存在であり，政府は「企業価値又は時価総額が10億ドル以上となる，未上場ベンチャー企業（ユニコーン）又は上場ベンチャー企業を2025年度までに50社創出」（首相官邸「令和2年度革新的事業活動に関する実行計画」（令和2年7月17日））することを目標として，スタートアップ企業への投資に注力している。

　スタートアップ企業が活発なシリコンバレーでは，スタートアップ企業がユニコーン企業に成長し，多額の資産を得た起業家が，次の世代の将来性のある

スタートアップ企業に先輩起業家として多額の投資をし，ノウハウを教えることにより，その企業がユニコーン企業へと成長していき，ユニコーン企業に成長した企業の起業家が次なる将来性のあるスタートアップ企業に投資をすることで業界の技術力が高まっていくという現象がみられる（いわゆる，スタートアップエコシステム）。政府は，「令和元年度革新的事業活動に関する実行計画」において，日本においてもスタートアップエコシステムを構築するための施策を掲げており，スタートアップ企業のさらなる活発化が期待される。

## 4　Q&A

■ IPO

**Q 1**

研究開発段階で製商品化に至っていないアーリーステージの会社が，マザーズに上場することはできるでしょうか。

**A**　マザーズは高い成長可能性がある新興企業に，より早い段階での資金調達機会を提供することで新たな産業を育成することを目的とした市場であるため，事業ステージが早期であることや，いまだ黒字化を達成できていないことのみをもって上場可能性が否定されるものではないが，事業ステージが早期であればあるほど将来の状況は不確実であり，事業計画の合理性に加えてリスク情報の開示内容を検討することが重要となる。アーリーステージの会社が上場を進める場合には，業界専門家等と関係者と十分に議論を重ねたうえで，主幹事証券会社を通じて東証および日本取引所自主規制法人に事前に相談することが必要とされている。

# Q2

取締役会の開催頻度は，どの程度が望ましいでしょうか。

**A**　会社法上は，3カ月に1回は開催しなければならないとされている。もっともこれは開催の最低数を定めたものであり，一般的には，取締役会で月次の業績報告，事業状況の報告がなされ，意思決定すべき事項を議論することから，少なくとも，月に1回以上は開催することが望まれる。

また，取締役会は機動的な開催による迅速な意思決定をすることが望まれることから，取締役会で意思決定すべき事項が発生した場合には，直ちに取締役会を開催し，タイムリーな意思決定をする必要がある。

# Q3

当社では経験豊かで優秀な人材を採用して，財務諸表の作成・確認から法定開示資料や適時開示資料の作成・確認，IR活動等，すべてを担当させる予定ですが，問題はあるでしょうか。

**A**　東証は上場会社の適時開示やIR活動等を，組織的，継続的に行う体制を求めているため，特定の人物に過度に依存している状況は問題があるといえる。そのため，少なくとも適時開示やIR活動等を継続的に安定して行うことができる程度の組織，人員で行う必要があると考える。

# Q4

新規上場時の申請書類に虚偽記載があった場合はどうなりますか。

**A**　虚偽の記載があり，本来であれば上場審査基準に適合していなかったこ

とが明らかになった場合には，1年以内に新規上場審査に準じた上場適格性の審査に適合しなければ，上場が廃止される。

■ M&A

**Q5**
M&A の買収側企業の選定は，どのように行いますか。

**A** 近時は，ベンチャー企業買収により，新規分野に進出しようとする大企業が多く，短期的なシナジーを目的とするのではなく，長期的なシナジーを見据えて，ベンチャー企業のノウハウや技術力を適切に評価する努力がなされている。このようなベンチャー企業への理解と誠実な対応により，ベンチャーコミュニティ内での評判形成を図る動きがみられる。すでにベンチャーコミュニティ内ではある程度の格付けが形成されていることもあり，買収側企業の選定においては，この点は確認しておくべきである。

**Q6**
M&A をすることで社員に迷惑を掛けないためには，どうすればいいでしょうか。

**A** M&A により会社を買収側企業に渡してしまった後には，自社の従業員の雇用継続や条件について口を出すことはできないことは言うまでもない。従業員の雇用を守るためには，M&A の交渉をする際に従業員の雇用についても条件に入れて交渉することが必要である。もっとも，買収側企業が大企業であれば，不合理な取扱いは買収側企業にとってもリスクとなるため，買収後に自社の従業員が不利益を被ることは事実上起こりにくいと考えられる。

## Q7
従業員にはいつ話すのがよいでしょうか。

**A**　M&A を実行する際には，経営者から従業員に説明をする必要があるが，M&A の交渉の妨げにならないように M&A が基本合意に至った以降に知らせることが通常である。もっとも，M&A 後に自社を経営していく役職の者や幹部にはより早い段階で説明をすることが一般的である。また，買収側企業からの DD への対応をする必要があるため，幹部等の一定の役職の者には事前に話をして，DD への対応を取りまとめてもらう必要がある。最初に幹部の者や，経営にかかわる役職の者に話をするタイミングは会社ごとに適切なタイミングを判断する必要があるため，ファイナンシャルアドバイザー等の専門家がアドバイスしてくれるのが通常である。

# 第6章

# アウトソーシング
## ～弁護士の使い方・選び方

　本章では，弁護士・税理士・社労士・司法書士といった各専門家について紹介し，専門家の中でも，特に弁護士の活用の仕方や選び方等について説明する。

　ここまでの章で，経営者自身が企業経営に関する法律を意識して経営を行うことの必要性を説いてきたが，経営者の限られた意思決定のリソースは，可能な限り企業の経営そのものに集中させられることが望ましい。また，社会の変化に伴い日々変化していく法規制や制度について逐一フォローアップすることは専門家以外には困難であるため，事業を行う際，適材適所で専門家を利用することが肝要となる。

　自社の事業を発展させるためには，リスクを回避するのみではなく，適切なリスクテイクが必要となる場合がある。その際，適切なリスクテイクを行うためには，事業の発展を後押ししてくれる専門家の存在が不可欠となる。しかし，一口に専門家といっても多種多様な業種が存在し，その品質も様々である。そこで，専門家の活用方法や，どのような視点で専門家を選ぶのがよいかについて解説を試みる。

# 1　各分野の専門家

　企業活動に関与する専門家とその役割について，以下で簡単に説明する。

　企業活動を行ううえでは，本来の事業の推進に加え，人事や経理，法務等様々な業務が発生する。これらすべてを社員が行うことは必ずしも適切ではなく，労務コストと効率性等を考慮すると，かえって外部の専門家にアウトソーシングするほうが適切なことが多い。その際に，何をどういった専門家に委ねることができるかを把握しておくことは有意義である。

## (1)　弁護士

　法務に関する専門家である。従業員や取引先，顧客とのトラブル等に関する各種法律相談や契約書等のリーガルチェック，著作権や商標権等の知的財産に関する問題への対応，インターネット等での誹謗中傷への対応等，幅広い事項への対応を期待できる。

　例えば，契約書のチェックや新規事業の適法性調査等を行い，会社にとって将来的に生じ得るリスクを分析し，適切なリスクヘッジを図るために弁護士に相談，依頼することが考えられる。特にビジネス法務を専門に扱う弁護士であれば，法的な白黒のみをアドバイスするだけではなく，各社の具体的な事業内容等に照らした場合のリスクの有無や大小を踏まえて，事業に寄り添ったアドバイスを期待できる。

## (2)　税理士

　税務に関する専門家である。確定申告等の税務処理に関する業務を行い，納税が適正にされるようサポートする。

　例えば，企業活動において日々生じる金銭の出入りの記録を残し，税務上必要な書類を作成する等して税金の申告を適正かつスムーズに行うための業務を行う。また，企業の代わりに確定申告を行ったり，確定申告のために必要な

日々の税務書類を作成したりといった業務も行う。

　このように，税理士は，税務に特化した業務を行っているため，日々の売上や経費の仕分等に関する税務の相談先に適している。また，企業の業種によっては，業界特有の税制や節税スキームに関する相談をすることも考えられる。さらに，M&A を行う場合等において税金が生じる場合にはこれも考慮した経営判断を行う必要が生じるところ，その際の税務に関する相談は税理士に行うことが適当である。

　こうした税務に関する業務については，企業内の経理部門で担うのではなく，税務の専門家である税理士にアウトソーシングするほうがかえってコストがかからず，かつ正確な税務処理を期待できる面がある。

## (3)　社会保険労務士（社労士）

　従業員の労務管理や公的年金，社会保険，助成金の申請等の手続に関する専門家である。

　例えば，従業員の入社や退職に伴い，労務や保険に関する各種手続（被保険者資格取得届や資格喪失届などの書類作成，申請等）が必要なところ，労働基準監督署やハローワーク等の各種機関への提出が必要な書類の作成や提出を行う。

　また，社労士は，給与計算や各種助成金に関する相談や申請業務等も行う。企業が何らかの助成金を受ける場合，そもそもどういった助成金を受けることができるかを調査したうえで，申請のための必要書類を揃え，定められた期限内に提出する必要がある。しかし，必要書類は都道府県の労働局によって異なったり，不定期に変更されたりするため，助成金を受けるために必要な準備や手続等が容易ではないこともある。このような場合には社労士に相談し，申請業務を依頼することが考えられる。

## (4)　司法書士

　会社登記や不動産登記等の登記事項に関する専門家である。

　企業活動を行っていくうえで，登記しなければならない事項は意外と多い。例えば，会社を設立する場合や役員を変更する場合，本店を移転する場合，資金調達を行う場合，株式を発行する場合等である。そして，登記をする場合には，様々な必要書類を揃えて法務局に提出する必要があり，場合によっては複雑な手続等も必要となるため，登記の専門家に依頼した方が効率的であることも多い。

　司法書士は，このような登記の専門家として，登記申請に関する業務を主に行っている。また，法務大臣の認定を受けた司法書士であれば，簡易裁判所において取り扱うことができる民事事件（訴訟の目的となる物の価額が140万円を超えない請求事件）等についての代理業務を行うことができる。

## (5)　会計士

　企業の不正な会計や誤った会計を防ぐための監査の専門家である。企業が作成した決算関連の書類の正確性を確認し，企業の会計に関する監査を行う。

　上場企業等の特定の企業では，会計上の処理が正しくなされており，正確な財務情報が公表されていることを客観的にチェックすることが求められる。そして，会計士は，こうした企業が作成した財務書類の正確性を確認したうえで，これを証明するという業務を担うことになる。また，会計士は，企業が正確な財務書類を作成するためのアドバイス等の業務も行う。

　このように，会計士の主な業務は会計監査であり，会計監査が法的に求められるのは上場している大企業等の一部の企業に限られる。そのため，会計士の主なクライアントとしては大企業が想定される。

　他方で，中小企業であっても，例えば金融機関から融資を受けるにあたって財務書類の正確性のチェックを会計士に依頼するケースがある。また，M&Aを行う際に，企業の財務状況等を分析して適正な買収金額を見極めるために会計士に相談や依頼をすることもある。

## (6)　行政書士

　事業等に関して行政の許認可を得る必要がある場合の申請に関する提出書類の作成や相談業務等を行う。前記の司法書士との違いとして，行政書士は主に国や地方自治体といった官公署に提出する書類（許認可申請に必要な書類等）に関する業務を行うことに対して，司法書士は登記申請のために法務局等に提出する書類に関する業務を行うという点がある。

**【各専門家のまとめ】**

| 専門家 | 依頼できること |
|---|---|
| 弁護士 | 契約書作成，事業の適法性調査，紛争対応等の法務 |
| 税理士 | 確定申告や節税等の税務 |
| 社労士 | 給与計算や社会保険，助成金の申請等の人事労務 |
| 司法書士 | 各種登記関係 |
| 会計士 | 会計監査や財務諸表の作成，分析 |
| 行政書士 | 許認可申請に必要な書類の作成等 |

# 2　弁護士の活用の仕方

## (1)　企業における法務の役割

　企業の法務部門は，一般に，企業活動において生じる様々な契約書や法的な問題をチェックして自社が抱える法的なリスクを分析し，これを経営層に的確に伝えることによって，企業が法的なリスクを軽減させつつ適切に事業活動を行うことができるようサポートをすることが求められる。このように，法務部門は，事業の推進と共に企業活動を支える重要な役割を担っている。

　他方で，スタートアップや中小企業には法務部門が存在しないことが多いのが実情である。これは，法務部門の仕事は将来生じる可能性のあるリスクを事前にヘッジすること（予防法務）が基本となり，法務部門の存在自体は企業の収益を生むものではないため，事業の推進や経理，財務等の部門の整備の後回

174

しになることに一因があると思われる。

　こうした企業では，事業活動において必然的に発生する各種契約書の作成や
チェックを社長や十分な法的な知識，素養を有しない1人の法務担当者が行っ
ていることが多い。そして，このような場合，契約書に関して適切な対応がで
きておらず，後にトラブルを引き起こすリスクを内包した事業運営が行われて
いる。

　こうした状況は，法務に社内のリソースを割けず，適切なリスク分析ができ
ない結果，せっかく事業の推進で得た収益を法務リスクの顕在化によりすべて
失ってしまう可能性や，唯一の法務担当者が辞職した場合にそれまでの自社の
法務のノウハウが失われるのみならず，法務機能が停止するというリスクを抱
えている。

　また，昨今は，企業のコンプライアンス体制の強化も求められており，何ら
かの不祥事が生じると，インターネット等を通じて情報が拡散し，企業価値が
大きく毀損されるおそれもある。

　このように，企業が抱える法務，コンプライアンス等の問題を洗い出し，こ
れが大きな問題になる前に対応することで事業活動から生じる法的なリスクを
最小限にすることが企業における法務の役割である。ただし，企業活動は事業
の推進により収益を生むことを大前提としているため，法務部門が自社の法的
なリスクを最小限にすることだけに囚われて事業の推進を必要以上に阻害する
こともあってはならない。法務部門は事業の推進というアクセルに対して適切
にブレーキを踏むことが求められる。

　そして，こうしたブレーキの踏み方が悩ましいケースも多い。例えば，企業
は，法令違反となる事業活動を行うというリスクはとることができないため，
この場合には躊躇なく完全にブレーキを踏む必要がある。他方で，現状では明
確に法令違反ではないものの，前例がなくグレーな部分のある事業に大きな収
益性が見込まれる場合や，事業において重要な取引先との取引に関する契約書
の内容が当該取引先にとってかなり有利なものとなっており，それを受け容れ
なければ取引ができない場合等，法務部門の立場としてもこれに対し，どの程

度，またどのようにブレーキを踏むべきか（リスクヘッジを図るべきか）悩ましいことも多い。このような場合，想定されるリスクをすべて回避すると，必要以上に事業の将来性を閉ざすことになり，企業自体が成り行かなくなる可能性もあるためである。

　このような場合こそ，まさに法務の役割が発揮されるべきである。法務の役割は，単にリスクを指摘することに留まるものではなく，そのリスクの大小や顕在化する可能性の高低等を踏まえて，そのリスクが経営判断として許容できるか否かについての適切な情報を提供することにある。

　前記の点に関して，従来，日本企業の法務部門は単なる守りの機能として捉えられてきた面があった。しかし，近年，グローバル化やイノベーションが加速する中で，法規制が必ずしも明確ではない領域において，新しいサービス等が生まれ，新たな市場が創出される等の動きが活性化している。

　こうした状況を踏まえ，令和元（2019）年11月19日，経済産業省は，「国際競争力強化に向けた日本企業の法務機能の在り方研究会 報告書～令和時代に必要な法務機能・法務人材とは～」を取りまとめた。この報告書や法務機能の在り方に関する情報は，経済産業省のホームページ上で確認することができる。

　この報告書は，企業における法務機能の強化の必要性について検討する際に参考となるため，以下でその考え方について簡単に説明する。

　まず，報告書では，法務の機能を次の2つに分類し，これらはいずれも車の両輪として欠くことのできない表裏一体の機能であると説明している。

| ガーディアン機能 | 法的リスク管理の観点から，経営や他部門の意思決定に関与して，事業や業務執行の内容に変更を加え，場合によっては，意思決定を中止・延期させるなどによって，会社の権利や財産，評判などを守る機能。 |
|---|---|
| パートナー機能 | 経営や他部門に法的支援を提供することによって，会社の事業や業務執行を適正，円滑，戦略的かつ効率的に実施できるようにする機能。 |

そのうえで，このパートナー機能をさらに以下のように分類する。

| パートナー機能 | クリエーション機能 | 現行のルールや解釈を分析し，適切に（再）解釈することで当該ルール・解釈が予定していない領域において，事業が踏み込める領域を広げたり，そもそもルール自体を新たに構築・変更する機能。 |
|---|---|---|
| | ナビゲーション機能 | 事業と経営に寄り添って，リスクの分析や低減策の提示などを通じて，積極的に戦略を提案する機能。 |

　これらの各機能は，企業が抱いた事業構想を法務のクリエーション機能やナビゲーション機能を活用して実現させ，事業化されたものを法務のガーディアン機能を活用して継続的にサポートしていくといった関係性にもある。
　この報告書によれば，企業が新たな事業価値を創造し，発展していくためには，法務が前記のような機能を備えることが必要とされている。

**【図表6－1】　法務に求められる機能**

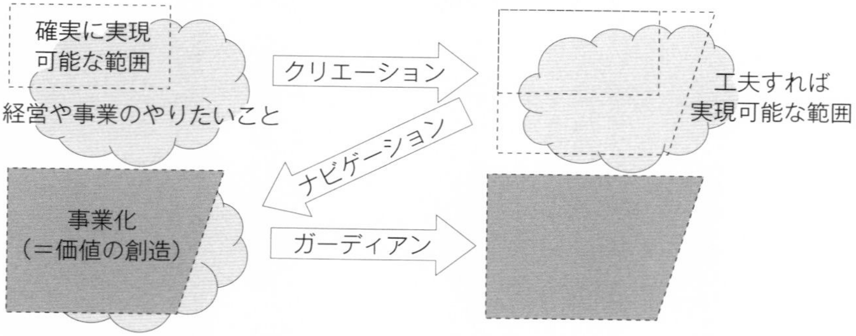

出所：経済産業省「国際競争力強化に向けた日本企業の法務機能の在り方研究会 報告書～令和時代に必要な法務機能・法務人材とは～」（令和元年11月19日）

## (2)　弁護士がサポートできること

　このように，企業における法務機能は近年ますます重視されるようになっている。こうした点に関して，弁護士の活用場面として想定されることを以下で説明する。

### ①　適法性調査

　企業が何らかの事業を行う場合，その事業内容によっては法的な規制が生じる可能性がある。そして，その規制に従って事業を行わなければ，後にその事業を行うこと自体が法令違反となり，多額の罰金や業務改善命令等の行政処分が科されることがあり，最悪の場合はその事業を継続することができなくなる。

　こうしたリスクが顕在化すると，いかに優れたビジネスモデルを構築し，事業自体が好調であっても，その根幹が破壊されてしまう。そうなると，いかに事業に対して時間や金銭を先行投資して事業が軌道に乗っていたとしてもこれがすべて水泡に帰すこととなる。

　そして，例えば，投資家から資金を調達済みの場合には，投資契約書等に記載される表明保証違反を理由に多額の損害賠償を請求される可能性すらある。また，M&Aの際の法務デューデリジェンスやIPOの際の証券取引所の審査の結果，M&AやIPOができないという事態にもなりかねず，出口戦略にも大きな影響を及ぼす。

　このようなリスクをできるだけ初期の段階で洗い出すことができれば，そのリスクへの対応手段として事業内容自体をマイナーチェンジすることも含めて比較的多様な選択肢から対応を検討することができる。

　しかし，事業が軌道に乗った後であればあるほど，もはや後戻りや変更が困難となってしまう。

　よって，事業自体の適法性の調査は，できるだけ初期の段階で実施する必要がある。

### ②　契約書の作成やレビュー

　企業が事業を行っていくためには，様々なステークホルダーとの間で契約を締結する必要が生じる。各ステークホルダーは，基本的には自らの利益を最大化し，リスクを最小化したいという意図の下で契約書の内容を検討し，締結に至る。

　特に，BtoBの取引においては，契約当事者は互いに取引のプロであるから，

契約内容についても十分に吟味し，理解した上で契約締結に至っていることが社会通念上の前提となる。そのため，契約書で合意した内容に反することを後で主張しても，裁判になった場合にそれが認められる可能性は極めて低い。

　したがって，契約締結前に契約書の内容を十分に検討し，契約書に潜む法的なリスクを洗い出すことは極めて重要となる。

　他方で，企業法務に関する知識や経験が少ない場合，こうしたリスクを十分に洗い出すことは困難である。また，スタートアップやベンチャー企業においては，経営者が経営から契約書のチェックまですべてを１人で行っているというケースも多い。このような場合，本来は経営に注力すべき経営者のリソースを契約書のチェックに割くこととなる。しかし，忙しい経営者が契約書のチェックまで行うことには時間的にも無理があり，経営者に法的な知見も備わっているという特殊な状況でない限り効率的でもない。その結果，ざっと内容を確認しただけの状態や，契約書の各条項の文言が持つ法的な意味を十分に理解できていない状態で契約書に調印してしまうという事態が生じる。それでも，取引の内容に関する取り決めさえ適切に契約書に落とし込めていれば，取引先とトラブルが生じない限りは契約内容が問題とならないこともある。

　しかし，いざトラブルが生じた場合，多額の金銭を請求されるリスクや，契約した目的を達成できないリスクが一気に顕在化し，場合によってはそのことが事業の根幹を揺るがす事態にもなりかねない。そうなってから契約書の内容を改めて確認し，その内容で合意に至ったことを悔やんでも後の祭りである。

　また，仮にトラブルは生じていないとしても，将来的な法務リスクが存在する状況に変わりはないため，イグジットの際のデューデリジェンス等においてリスクを内包した企業であると評価され，それ自体で不利益を被ることとなりかねない。

　よって，契約書を締結前に作りこむことや締結前の契約書をチェックすることも極めて重要である。

### ③　債権回収

　取引先が代金等を支払わないというケースは，残念ながら珍しくない。代金等を支払わない理由としては様々なケースが考えられるが，既述のように契約書をしっかりと作り，これに従って義務を履行していることが証明できるのであれば，法的にはその義務の履行の対価としての代金等を支払うよう請求する権利が認められる。ここでも，契約書の重要性が確認できる。

　代金等を支払わない取引先に対して，メールや電話等で入金を催促しても入金されない場合に弁護士が介入すると，その取引先に対して内容証明郵便を送って支払の催告をすることが一般的である。内容証明郵便の具体的な内容としては，支払金額とその根拠，期限内に支払わなければ法的な措置をとることや，その場合には訴訟費用や遅延損害金も付加して請求すること等を記載する。これにより，取引先に対して大きな心理的プレッシャーを与える効果が期待できる。

　また，それでも取引先からの支払がない場合には，裁判所を利用した手続を検討することとなる。裁判所を利用した手続としては【図表6−2】のようなものがある。

**【図表6−2】　裁判手続の例**

| 民事訴訟 | 少額訴訟 | 支払督促 | 民事調停 |
|---|---|---|---|
| 裁判所への訴訟提起に始まり，裁判官が証拠を調べる等して，判決によって紛争解決を図る手続。 | 60万円以下の金銭の支払を求める場合に利用できる訴訟手続。<br>原則として1回の審理で判決が言い渡されるため，迅速な解決が期待できる。 | 申立人の申立てに基づいて裁判所書記官が金銭の支払を求める手続。<br>相手方からの異議がなければ判決と同様の効力が生じ，迅速な解決が期待できる。 | 裁判所の調停委員会のあっせんにより，話し合いによる円満な解決を図る手続。<br>調停で合意された内容は判決と同様の効力が生じる。 |

　以下では，スタートアップ経営者が利用しやすいと考えられる支払督促につ

180

いてその概略を説明する。簡易裁判所での民事事件の件数を種類別にみると，最も多いのが民事訴訟（少額訴訟を含む）であり，全体の約４割を占めている。次に多いのが支払督促であり，これが全体の約３割を占めている。支払督促を利用することによって，売掛金の未払い，貸金の未返済等の紛争について，裁判所を通じた簡易かつ迅速な解決を図ることができる。支払督促の流れは，【図表6－3】を参照されたい。

【図表6－3】　支払督促の流れ

手続きの流れ

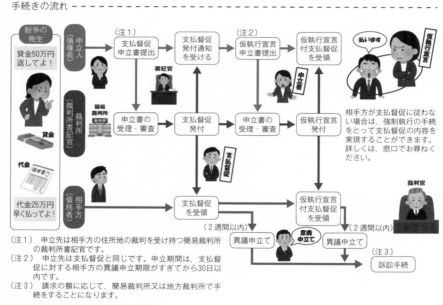

（注1）　申立先は相手方の住所地の裁判を受け持つ簡易裁判所の裁判所書記官です。
（注2）　申立先は支払督促と同じです。申立期間は，支払督促に対する相手方の異議申立期限がすぎてから30日以内です。
（注3）　請求の額に応じて，簡易裁判所又は地方裁判所で手続をすることになります。

出所：裁判所「支払督促手続」

　債権回収の流れとしては，まずは口頭やメールで催告をし，次に内容証明郵便で催告書を送り，それでも債務が履行されない場合には，支払督促をしたうえで強制執行をするというのが一般的な流れである。スタートアップ経営者としては，具体的にどのような場合に支払督促を利用するべきかという判断で悩まれることが多いようである。支払督促を申立てた場合において，相手方が異

議を申立てた場合には通常の裁判手続に移行することとなる。その場合，相手方の住所地の裁判所での裁判に対応する必要が生じるため，特に相手方が遠方の場合には，そもそも支払督促の手続を行うべきか，最初から通常の裁判手続で対応すべきではないか等，支払督促のデメリットを踏まえたうえで慎重に検討する必要がある。

　債権回収については，相手方の財産状況等も踏まえてどのような方法を選択することが最終的な解決のためにベストなのか，事案に応じた検討が必要となるため，その方法選択を含めて弁護士への相談等を活用すべきである。

## ④　労働紛争

　企業においては，労働条件や労働環境等について従業員とトラブルが生じることが多く，労働紛争は多くの企業が抱える問題といえる。その具体的な内容としては，①賃金や残業代等の支払に関するもの，②解雇，雇止め等の退職に関するもの，③配置転換，出向，昇進等の身分に関するもの，④セクハラ，パワハラ等のハラスメントに関するものが多い。

　例えば，他の社員に悪影響を与える問題社員を解雇する場合の解雇の方法を誤ったために労働基準法違反となり，後から残業代や慰謝料の支払を求められるという労働紛争が生じることがある。こうした問題を予防するためにも，適正な退職手続を経ることが必要となる。

　また，退職した社員が，退職後しばらく経過してから，セクハラやパワハラ等のハラスメントの被害にあったと主張して企業に対して慰謝料等を請求するといった形で労働紛争が発生することもある。こうした労働紛争の予防策としては，社員の退職にあたって十分なヒアリングを行い，それを記録に残すこと等が有効である。

　労働紛争が生じた場合，企業としてこれに対応するためのリソースをとられることに加え，場合によっては解決のための金銭的コストが生じることも想定される。解決方法としては【図表6−4】のようなものがある。いずれも担当の社員をつけて，場合によっては弁護士もつけて対応する必要があり，加えて

労働紛争が生じているということ自体によるレピュテーションリスクは小さくないことから，会社にとっては，労働紛争が生じることそれ自体のデメリットはとても大きい。

**【図表6-4】　労働紛争の解決方法**

| | あっせん | 労働審判 | 民事訴訟 |
|---|---|---|---|
| 実施体制 | 紛争調整委員（弁護士等）：1人 | 労働審判委員会（労働審判官（裁判官）：1名，労働審判員（労使）：2名） | 裁判官 |
| 手続 | 話合いによる合意 | 話合いによる合意（不調の場合は労働審判委員会の審判） | 裁判所による裁決（話合いによる解決も可） |
| 相手方の手続参加 | 任意（不参加の場合には手続終了） | 正当な理由なく不出頭の場合には過料 | 主張書面を提出せず不出頭の場合，原告の主張を認めたものとみなされる可能性あり |
| 合意・裁判の内容の効力 | 民事上の和解契約（強制執行不可） | 合意内容や審判は裁判上の和解と同じ効力（強制執行可） | 和解・判決（強制執行可） |
| 費用 | 無料 | 有料 | 有料 |
| 公開の有無 | 非公開 | 非公開 | 公開 |
| 代理人の選任 | 弁護士の選任は必要的ではない | 弁護士を選任することが多い（要費用） | 弁護士を選任することが多い（要費用） |
| 書面等の準備 | 申請書（必要に応じて証拠書類） | 申立書等の主張書面，証拠書類の提出が必要 | 訴状等の主張書面，証拠書類の提出が必要 |
| 処理期間 | 原則1回，2カ月以内が83.3%（令和元年度） | 原則3回以内で終了（約7割・平均2.7カ月（平成30年）） | 平均14.5カ月（地裁（平成30年）） |

出所：厚生労働省「個別労働紛争解決制度（労働相談，助言・指導，あっせん）」

## ⑤　訴訟やトラブル対応

　企業が事業を営む中では，取引先や従業員，株主，顧客等の様々なステークホルダーとの関りが生じる。そのため，これらのステークホルダーとの紛争やトラブルが生じ，その代理人との交渉や提起された訴訟への対応が必要となることもある。そうした場合，法的な論点の整理や問題解決までの道筋等を検討し，適切に対応する必要がある。対応方法を誤ると紛争等が長期化してこれに対応するための人的かつ金銭的なコストが増大するリスクがあることに加え，内容によっては企業のレピュテーションリスクにもつながるためである。

　よって，このような場合は，企業に関する紛争等への対応経験が豊富な弁護士に相談することが望ましい。

## ⑥　株主総会運営

　株式会社を設立して事業を行う場合，会社法に基づいて定期的に株主総会を行わなければならない。株主総会では，概ね，以下のような事項を決めることになる。

---

- 取締役や監査役等の機関設計に関する事項
- 定款変更や事業譲渡，合併等に関する事項
- 余剰金の分配等，株主の権利に関する事項
- 取締役の報酬額等に関する事項

---

　会社法は，どのような場合にどのような手続が必要かを明確に定めており，株主総会の決議事項についても内容によって手続の要件や方法等が異なるため，会社法の定めに従って適切に株主総会が実施，運営されるようにしなければならない。

　不適法な株主総会については無効又は取消の対象となるため，その内容によっては企業活動に大きなインパクトを与えることがある。

　よって，株主総会を適法に行い，その証跡を残しておくことは重要である。

## ⑦　内部統制システムの整備（コンプライアンス）

　内部統制システムは，会社法と金商法に規定されているものであり，両者には【図表6－5】のような違いがある。なお，後者の内部統制システムは，米国のSOX法を参考にしたものであり，一般的には日本版SOX法（J-SOX法）と呼ばれている。

**【図表6－5】　会社法と金融商品取引法における内部統制システムの違い**

| | 目的 | 法律の定め |
|---|---|---|
| 会社法 | 株式会社の業務執行の適正化 | 株主等への適切な情報開示 |
| 金融商品取引法 | 「取締役の職務の執行が法令及び定款に適合することを確保するための体制その他株式会社の業務の適正を確保するために必要なものとして法務省令で定める体制の整備」（362条4項6号） | 「当該会社の属する企業集団及び当該会社に係る財務計算に関する書類その他の情報の適正性を確保するために必要なもの」（24条の4の4第1項） |

　以下では，会社法に定める内部統制システムについて説明する。

　内部統制システムは，会社法上の大会社（資本金5億円以上，または負債の合計が200億円以上の会社）に義務づけられている。その内容としては，財務報告の信頼性の確保や事業活動に関する法令等の遵守，業務の効率性の担保等である。これらは，大会社以外の企業におけるリスク管理や法令遵守，業務効率化の向上等のためにも極めて有用なものである。

　また，内部統制は，コーポレートガバナンス（企業統治）を機能させることで企業に関して生じる様々な問題から企業を守るためにも必要不可欠なものといえる。

　内部統制システムを構築し，これを機能させるためには，社内規程等の作成に留まらず，社員研修を実施することや，内部統制システムの機能の状況を定期的にチェックする等の体制整備も必要となる。

　内部統制システムの構築については，創業間もないフェーズではとてもそこ

まで手が回らないという状況が多いと思われるが，IPO等を見据えた場合には
いずれ必要になってくることではあるし，前記のように企業にとってのメリッ
トも多いことから，早い段階で弁護士に相談する等して体制整備をすることが
望ましい。

## ⑧　SNSによる誹謗中傷等から生じるレピュテーションリスク対応

　現代社会では，個人がインターネットで気軽に企業への評価等を書き込むこ
とができる。こうした書き込みは，その内容が真実であるか否かに関わらず，
企業にとってプラスにもマイナスにもなる可能性がある。もちろん，プラスに
なる場合には特に問題は生じないが，問題はマイナスになる書き込みがある場
合にどう対応すべきかである。例えば，インターネット上で企業への誹謗中傷
があった場合，そのこと自体で売上の低下，顧客離れ，企業ブランドの低下，
求人募集へのエントリー数の減少，社員のモチベーション低下等の悪影響が生
じる。

　会社に対する誹謗中傷は名誉毀損罪（刑法230条1項），偽計業務妨害罪（同
法233条），信用毀損罪（同法233条）犯罪に該当する可能性がある。その場合に
は，被害届を出すなどして警察に協力を求めることも考えられる。また，イン
ターネット上での誹謗中傷は，民法上の不法行為（民法709条）に該当し，これ
によって企業に生じた営業損失等の損害を誹謗中傷を行った者が賠償する責任
を負う可能性もある。

　スタートアップとして，誹謗中傷等の書き込みは，企業にとって前記のよう
なマイナスの効果を生むことから，対象となっている書き込みの削除を検討す
る必要がある。インターネット上の書き込みは，時間の経過に伴って多くの人
の目に触れたりSNS等に転載されたりすることで情報がどんどん拡散される
可能性が高くなる傾向にあるため，こうした対応は可能な限り迅速に行うべき
である。

　まずとりうる対応としては，サイトの管理者に連絡し，事情等を説明し，対
象となる書き込みを任意に削除するよう求めることが考えられる。サイトに

よっては，不適切な書き込みの削除の依頼方法等を説明しているため，これに従って削除の依頼をすることで比較的容易に対象となる書き込みの削除をすることができる。

　前記サイト管理者の協力による削除ができない場合，裁判所に書き込みの削除に関する仮処分を申し立てることが考えられる。仮処分とは，訴訟前の段階において，法的な仮の決定をしてもらうことをいう。正式な裁判所の決定が出るまで誹謗中傷を放置しておくと，前記のような被害が日々拡大する可能性もあるため，裁判所から相手に対して迅速に書き込みの削除に関する命令を出してもらうことが重要となる。

　インターネット上の特定の書き込みを削除できたとしても，それだけでは新たな書き込みがされるおそれもあり，問題の根本的な解決には至らないことが多い。そこで，書き込みを行った人物を特定し，同様な行為を繰り返さないように求めることや損害賠償請求をすること等の対応も必要となる。インターネット上の書き込みは匿名で行われることが多いため，犯人の特定は容易ではないが，まずは仮処分によって相手の IP アドレスを特定して経由プロバイダを明らかにする。その上で，プロバイダに対して訴訟を提起し，裁判所からプロバイダに対して書き込みを行った者の情報を開示するよう命令を出すよう求めることなる。これが認められると，書き込みを行った者の氏名や住所，メールアドレス等が開示されて，この者を特定することができる。

　書き込みを行った者を特定することができた場合，その者に対して，企業が被った損害の賠償を求めることが考えられる。まずは任意に支払うよう裁判外で求めていくことが考えられるが，相手が任意に支払わない場合には，裁判で損害賠償を求める必要がある。また，事案の内容によっては，刑事告訴することも考えらえれる。書き込みが犯罪に該当する場合，書き込みを行った者が警察に逮捕される可能性がある。

# 3　活用の仕方

## (1)　企業内弁護士としての活用

　近年，弁護士を自社の社員として採用するケース（企業内弁護士）が増大している。

　日本組織内弁護士協会（JILA）が公表している「組織内弁護士の統計データ」によれば，令和2（2020）年6月30日の時点での全国の弁護士数42,135人の内，企業内弁護士の数は2,629人であり，全国の弁護士の6.2％が企業内弁護士となっている。企業内弁護士の数は，【図表6－6】のとおり，近年では毎年200〜300人のペースで増加している。

**【図表6－6】　企業内弁護士数の推移**

| 年 | 2011 | 2012 | 2013 | 2014 | 2015 |
|---|---|---|---|---|---|
| 企業内弁護士数 | 587 | 771 | 953 | 1,179 | 1,442 |
| 年 | 2016 | 2017 | 2018 | 2019 | 2020 |
| 企業内弁護士数 | 1,707 | 1,931 | 2,161 | 2,418 | 2,629 |

出所：JILA「組織内弁護士の統計データ」

　企業内弁護士は，弁護士である一方，自社の社員でもあるため，社内での人間関係やネットワークを構築することができ，自社の法的な問題等に対して，事業部とも連携して，その問題解決のために必要となる社内情報の収集や整理等を効率的に行うことが期待できる。そして，企業内弁護士の知見等を利用して社内の法的な問題等を解決することや，企業内弁護士と社外の弁護士（顧問弁護士等）との適切な連携をとることにより，自社の法務機能を強化することができる。企業内弁護士のこうしたメリットと，近年企業に求められているコンプライアンス体制強化の流れとが相まって，前記のように企業内弁護士数が増加していると思われる。

　また，JILAが公表している「企業内弁護士を多く抱える企業上位20社の推

移（2001年〜2020年）」によれば，令和2（2020）年6月時点で企業内弁護士を多く抱える企業上位20社は【図表6－7】のとおりである。

**【図表6－7】　企業内弁護士を多く抱える企業上位20社**

2021年（6月）
採用企業数：1,324社 採用人数計：2,820人

| 順位 | 企業名 | 人数 |
|---|---|---|
| 1 | ヤフー | 42 |
| 2 | 三井住友信託銀行 | 26 |
| 3 | 野村證券 | 25 |
| 4 | 三菱商事 | 24 |
| 4 | アマゾンジャパン | 24 |
| 4 | LINE | 24 |
| 7 | 三井住友銀行 | 23 |
| 8 | 双日 | 22 |
| 8 | 三菱 UFJ 銀行 | 22 |
| 8 | 三井物産 | 22 |
| 8 | 三菱 UFJ 信託銀行 | 22 |
| 12 | 丸紅 | 21 |
| 13 | 住友電気工業 | 19 |
| 14 | パナソニック | 19 |
| 15 | 第一生命保険 | 16 |
| 15 | KDDI | 16 |
| 17 | みずほ証券 | 15 |
| 18 | 豊田通商 | 14 |
| 18 | 住友商事 | 13 |
| 18 | NTT ドコモほか 2 社 | 13 |

出所：JILA「企業内弁護士を多く抱える企業上位20社の推移（2010年〜2021年）」

## (2)　顧問弁護士としての活用

　顧問弁護士は，顧問先の企業に対して継続的に法的なサポートをするパートナーのような存在であるため，顧問先のビジネスモデル等を理解し，顧問先の事業に寄り添って継続的なサポートを行うことができる。

　顧問弁護士がいない場合，自社で法的な問題が生じた場合等にはその都度法律事務所を探し，弁護士に対して自社のビジネスやそれまでの経緯等を1から説明したうえで対応等を相談する必要がある。また，どのタイミングで弁護士に相談をすべきかがわからず，結果的に手遅れになった状態での相談となれば，本来はかける必要のなかったコストが必要となる可能性もあり，総合的な対応コストが増大する。

　そこで，日ごろからちょっとしたことでも気軽に相談することができる顧問弁護士を選任しておくことは，自社の法務機能の補完として弁護士を使うことができるのみならず，何らかの問題が生じた場合のリスクや対応コストの軽減の効果も期待できる。

　法務に関する知識や経験が豊富な人材や企業内弁護士を採用しようとすると，条件面を含め，適切な人材の採用は容易ではない。そのため，法務部門のアウトソーシングとして顧問弁護士を利用することが考えられる。また，仮に法務担当者がいる企業であっても，担当者が1人だけという場合は，何かあった際に相談等ができる先として顧問弁護士は有用である。

　例えば，法務部門の担当者が事業部門の担当者から新規事業に関する相談を受けた場合，新規事業の内容等によっては自社の法務部門だけで対応することが困難なことも想定される。また，社内の力関係等の理由から，法務部門が事業部門に対して適切なブレーキをかけることが難しいといった場合等，法務部門のチェックが十分に発揮できないこともありうる。

　このような場合，社外の専門家である顧問弁護士に相談することができる体制を整備しておくと，自社のことをよく理解した弁護士から自社の事業に寄り添ったうえでの客観的な意見を取得することができる。法的なリスクに関する事項を社内のみで解消し，後に問題が生じた場合，第三者の客観的な立場から

の意見を求めなかったことを理由に，経営者が株主等から任務懈怠等の責任追及をされるリスクもあることから，こうした客観的な意見を取得することは重要である。

### (3)　スポット案件ベースで依頼

　弁護士の活用方法としては，前記のような顧問弁護士に限らず，案件毎にスポットで依頼をする方法もある。この場合，弁護士に相談して案件に応じて弁護士費用の見積りを出してもらい，これを踏まえて依頼の有無を判断するという流れが一般的である。

　顧問弁護士のように継続的に相談しているという関係がない場合は，自社のビジネスを弁護士に十分に理解させたうえで，自社の要望等もできるだけ伝えたほうが望ましい。例えば，契約書に関する依頼であれば，契約書の作り込みの程度や納期，費用感等についての要望を伝える必要がある。また，事業の適法性等に関する意見書がほしいという場合であれば，その意見書の内容やニュアンス等についても何らかの要望等があれば伝えておいたほうがよい。

　弁護士によってその取扱分野や知識，経験等には違いがある。また，当然ながら，その人柄も大きく異なる。よって，スポットで案件を依頼する場合は特に，弁護士との仕事のやりやすさ等に着目し，場合によってはその後の顧問弁護士としての選任を検討する際の判断材料とすべきである。

## 4　弁護士を活用するメリット

　前記のとおり，企業活動に関して弁護士のサポートが有益な領域は多岐にわたる。そして，こうした弁護士のニーズは，企業活動を行っていくうえで取引先とトラブルになったこと等をきっかけに突如として顕在化することが多い。他方で，これが顕在化してからでは対応としてすでに手遅れであったり，顕在化した後に弁護士への相談が遅れて対応が間に合わなくなったりするケースも多い。そこで，平時からこうした事態に備えておくと共に，問題が生じた場合

には迅速かつ適切に対応できるように，自社の事業内容を理解した弁護士と気軽に相談等できる体制を構築しておくことは極めて有意義といえる。

【図表6－8】で，前記のような業務において弁護士を活用する主なメリットとして考えられる事項を簡単にまとめる。

**【図表6－8】　弁護士を活用する主なメリット**

| 法的リスクの軽減 | 自社の潜在的な法的リスクを事前に洗い出し，そのリスクを回避する対策を事前に講じることで，将来法的なリスクが顕在化した際のダメージを最小限に抑えることができる。 |
|---|---|
| 本業に集中 | 経営者等が契約書のチェックや個別の紛争対応をせずに，経営等の本来リソースを割くべきことに集中できる。 |
| コスト削減法務機能の補完 | 法務部門の人材の実務経験やスキルが不足している場合，法的リスクを回避するために十分な役割を果たせない可能性が高い。他方で，法務部門の経験やスキルが高い社員を採用することは難しく，人件費等のコストも高額となりやすい。そこで，顧問弁護士にその役割を外注することができれば，結果的にはコストを抑えつつ社内の法務機能を補完することにもつながる。 |

## 5　弁護士の選び方

　前記のとおり，企業法務に関して弁護士がサポートできる事項は多岐にわたる。もっとも，弁護士でありさえすれば本章で述べた様々な事項にすべて対応できるとは限らない。これは，弁護士や弁護士が所属する法律事務所によっては，企業法務自体をあまり取り扱っていない場合も少なくないためである。

　また，企業法務を取り扱っている弁護士であっても，特定の業種や業界を専門としている弁護士や，外国企業との取引を専門としている弁護士等がおり，企業のニーズによって最適な弁護士は異なる。

　そこで，弁護士の選び方として一概に基準を示すことは難しいが，例えばベンチャー企業にとっては，法律や企業法務に詳しいことは前提として，プラスアルファとして以下のような視点から弁護士を選ぶことも重要である。

## (1)　ビジネスへの理解力が高い弁護士

　企業法務は，想定される法務リスクを予防すること（予防法務）がメインの業務であるといえる。予防法務は，その時点では顕在化していないリスクをどの程度ヘッジすべきかという問題とセットで考える必要があるため，前記のとおり，アクセルとブレーキの踏み加減が重要となる。

　したがって，＜自社のビジネスモデルを正確に理解したうえで，単なるリスクの指摘だけではなく，個別のビジネスに合わせたリスクの大小をジャッジし，適切なリスクテイクという観点でアドバイスすることができる弁護士＞が望ましい。

## (2)　レスポンスが早い弁護士

　特にベンチャー，スタートアップ企業では，事業決定や事業展開にスピード感のある対応が求められることが多い。そこで，こうした企業に対して法務サービスを提供する弁護士としても，一定のスピード感をもった対応ができることが必要となる。例えば，相談したい事項が生じた場合に Zoom 等で速やかにオンライン相談ができることや，電話やメールだけではなくチャットツールを使って日常の連絡をとることができる弁護士であれば，一定のスピード感が担保されやすい。

## 6　Q&A

# Q 1
企業内弁護士と顧問弁護士は，役割をどのように分担をするべきですか。

**A**　一般的には，顧問弁護士が案件処理を担い，その案件処理に関する事前準備や事後的な社内管理を企業内弁護士が担うことが多い。

　また，適法性調査や契約書のチェックという場面では，企業内弁護士はあく

までも一社員として法務リスクを分析し，意見を述べることになる。そのため，リスク分析や意見の客観性について疑義が生じる可能性もある。よって，特に法務リスクに関して経営判断を伴うような重大な決定をする場合には，社外の立場にある顧問弁護士の意見等を確認する必要性が高くなる。

## Q2

顧問弁護士を選任することを検討しているが，どのような流れで進めたらよいか。

**A**　まずはインターネット等で様々な法律事務所のホームページを見て，自社のニーズにマッチしそうな事務所に連絡し，顧問弁護士を探していることを伝える。多くの事務所では，顧問契約に先立つ初回面談は無料であり，その面談で事務所や顧問契約の内容の説明等を聞くことができる。その際，顧問契約の内容と共に，事務所の雰囲気や顧問契約を締結した場合の連絡ツール，面談を担当した弁護士とのフィーリング等を確認し，継続的かつ日常的に気軽に相談しやすそうな弁護士を選ぶことが一般的である。

# 索　引

【編著者紹介】

# TOKYO STARTUP LAW
# （弁護士法人東京スタートアップ法律事務所）

　東京スタートアップ法律事務所（略称「TSL」）は，「UPDATE JAPAN」，すなわちこの国のアップデートに貢献することをビジョンに掲げています。産業構造の変化に伴い「法の遅れ」が生じている昨今，法律家の役割は，ビジョンを持った起業家に「寄り添う」ことだと考えています。新しい世の中を作っていく，世の中を変えていくのは起業家です。

　TSL が掲げる「UPDATE JAPAN」とは，グレーゾーンを進むクライアントを後押しすることで，この国のアップデートに貢献していこうとするチャレンジです。産業構造の変化が激しい現在，事業の先行きなど誰も正確には測れません。また，同じく産業構造の変化に伴って，その事業が法律的に「グレー」であるということは起こり得ます。実際，私たち法律家が事業の法令の適合性を判断しようとした際，「グレー」と言わざるを得ない局面は多数発生しています。私たちは，起業家のビジョンに共感し，その意思決定を尊重する法律家でありたい，それによってこの国のアップデートに貢献したいと考えております。

　TSL では「TSL MAGAZINE」という企業法務に特化したリーガルメディアにて情報を発信しておりますので，ぜひご活用ください。（URL：https://tsl-magazine.com/）

## 【著者紹介】

### 中川　浩秀（なかがわ　ひろひで）

東京スタートアップ法律事務所　代表弁護士

同志社大学法学部法律学科卒業，同大学大学院修了，都内法律事務所を経て，東京スタートアップ法律事務所を開設。

### 橋本　大輔（はしもと　だいすけ）

東京スタートアップ法律事務所　弁護士

慶応義塾大学卒業，慶應義塾大学法科大学院修了。都内法律事務所を経て，東京スタートアップ法律事務所入所。

### 後藤　亜由夢（ごとう　あゆむ）

東京スタートアップ法律事務所　弁護士・公認会計士

早稲田大学商学部卒業，大手監査法人入所。早稲田大学大学院法務研究科修了後，都内法律事務所を経て，東京スタートアップ法律事務所入所。

### 中村　望（なかむら　のぞみ）

東京スタートアップ法律事務所　弁護士

横浜国立大学経済学部経済システム学科卒業，横浜国立大学法科大学院修了。都内法律事務所を経て，東京スタートアップ法律事務所入所。

### 宮地　政和（みやじ　まさかず）

東京スタートアップ法律事務所　弁護士

岡山大学法学部卒業，明治大学大学院法務研究科修了後，都内法律事務所に入所。大手信販会社，大手金融機関を経て，東京スタートアップ法律事務所入所。

### 森　哲宏（もり　てつひろ）

東京スタートアップ法律事務所　弁護士

中央大学法学部卒業，明治大学大学院法務研究科修了。都内法律事務所入所。大手民間企業を経て，東京スタートアップ法律事務所入所。

### 内山　悠太郎（うちやま　ゆうたろう）

東京スタートアップ法律事務所　弁護士

明治大学法学部卒業，早稲田大学大学院法務研究科修了。都内法律事務所を経て，東京スタートアップ法律事務所入所。

### 林　洋輔（はやし　ようすけ）

東京スタートアップ法律事務所　弁護士

九州大学法学部卒業，九州大学法科大学院修了。都内法律事務所を経て，東京スタートアップ法律事務所入所。

## スタートアップの法務ガイド

2021年11月10日　第1版第1刷発行

| | |
|---|---|
| 編著者 | 弁護士法人東京スタートアップ法律事務所 |
| 著　者 | 中　川　浩　秀 |
| | 橋　本　大　輔 |
| | 後　藤　亜由夢 |
| | 中　村　　　望 |
| | 宮　地　政　和 |
| | 森　　　哲　宏 |
| | 内　山　悠太郎 |
| | 林　　　洋　輔 |
| 発行者 | 山　本　　　継 |
| 発行所 | ㈱中　央　経　済　社 |
| 発売元 | ㈱中央経済グループパブリッシング |

〒101-0051　東京都千代田区神田神保町1-31-2
電話　03(3293)3371（編集代表）
　　　03(3293)3381（営業代表）
https://www.chuokeizai.co.jp

印刷／東光整版印刷㈱
製本／㈲井上製本所

©2021
Printed in Japan

# 図解 スタートアップ企業の経理入門

## 新井啓史 ［著］

A5判／208頁　ISBN：978-4-502-39711-0

スタートアップ・ベンチャーの経理担当者が実務で直面する基本事項を解説。経費の処理から予算管理、資金調達、決算、税金や資本政策、経営計画、ＩＰＯ・Ｍ＆Ａまで見開き解説。

## 【本書の内容】

中央経済社

令和3年3月施行の改正会社法・法務省令がわかる！

# 「会社法」法令集〈第十三版〉

中央経済社 編　ISBN：978-4-502-38661-9
A5判・748頁　定価 3,520円（税込）

◆ 重要条文ミニ解説
◆ 会社法─省令対応表　付き
◆ 改正箇所表示

令和元年法律第 70 号による 5 年ぶりの大きな会社法改正をはじめ，令和 2 年法務省令第 52 号による会社法施行規則および会社計算規則の改正を収録した，令和 3 年 3 月 1 日現在の最新内容。改正による条文の変更箇所に色づけをしており，どの条文がどう変わったか，追加や削除された条文は何かなど，一目でわかります！
好評の「ミニ解説」も，法令改正を踏まえ加筆・見直しを行いました。

## 本書の特徴

### ◆ 会社法関連法規を完全収録
平成 17 年 7 月に公布された「会社法」から同 18 年 2 月に公布された 3 本の法務省令等，会社法に関連するすべての重要な法令を完全収録したものです。

### ◆ 好評の「ミニ解説」さらに充実！
重要条文のポイントを簡潔にまとめたミニ解説を大幅に加筆。改正内容を端的に理解することができます！

### ◆ 改正箇所が一目瞭然！
令和 3 年 3 月 1 日施行の改正箇所とそれ以降に施行される改正箇所で表記方法に変化をつけ，どの条文が，いつ，どう変わった（変わる）のかわかります！

### ◆ 引用条文の見出しを表示
会社法条文中，引用されている条文番号の下に，その条文の見出し（ない場合は適宜工夫）を色刷りで明記しました。条文の相互関係がすぐわかり，理解を助けます。

### ◆ 政省令探しは簡単！ 条文中に番号を明記
法律条文の該当箇所に，政省令（略称＝目次参照）の条文番号を色刷りで表示しました。意外に手間取る政省令探しも素早く行えます。

中央経済社